本书编委会

编委会主任　　赵　新
编委会副主任　　胡志春
编委会委员　　胡洪波　徐拥军　吕红平
主　　　　编　　吕红平

SHISHI RENKOU XINZHENG
DAZAO JISHENG LIANGFA

实施人口新政
打造计生良法

——《人口与计划生育法》修订研究

吕红平 / 主编

人民出版社

序

2013 年 11 月，党的十八届三中全会决定启动"单独两孩"政策，经过半年多的时间，各省、自治区、直辖市陆续按照法律程序启动实施。2015 年 10 月，党的十八届五中全会提出"全面实施一对夫妇可生育两个孩子政策"，并建议列入"十三五规划"。全面两孩政策，不仅是调整完善生育政策的继续和深化，而且是对独生子女政策的重大修订。

《人口与计划生育法》于 2001 年 12 月 29 日在第九届全国人民代表大会常务委员会第二十五次会议上审议通过，2002 年 9 月 1 日起开始施行。该法的制定以 2001 年以前的法规政策以及当时的人口和计划生育形势为依据，以"提倡一对夫妻生育一个子女"为核心。该法的实施，以专项法律的形式确立了计划生育基本国策地位，开启了我国计划生育依法管理的新时代，促进了计划生育相关配套政策的制定实施，巩固了来之不易的低生育率水平。《人口与计划生育法》实施的十多年间，我国的人口和计

1

划生育形势发生了诸多重大变化，尤其是人口结构性问题日益突出，人口老龄化加速发展、出生人口性别比居高难下、家庭发展能力不足等，日益成为影响经济社会发展的制约因素。为了实现人口均衡发展，为经济社会持续发展创造良好的人口环境，必须稳妥扎实有序调整完善生育政策，适时修订《人口与计划生育法》。

修订《人口与计划生育法》是人口和计划生育形势变化的必然要求，有利于在合理调控人口数量的基础上，实现人口结构优化，促进人口均衡发展。修订《人口与计划生育法》是社会发展公正公平要义的客观要求，有利于消除生育数量限制和奖励扶助政策方面的各种差异，实现生育权利平等，更好地体现国策地位。修订《人口与计划生育法》是体现党和政府公信力的具体表现，有利于依照法定程序调整生育政策，满足群众生育意愿，赢得群众的理解和支持。

为了把生育政策调整与依法治国方略结合，实现政策入法，党的十八届三中全会后，国家卫生计生委即按照中央的要求和部署，着手进行《人口与计划生育法》修订前的调研论证工作，一方面组织专家对实施"单独两孩"政策和全面两孩政策的效应进行测算，另一方面组织专家对《人口与计划生育法》修订的重点问题和法律文本修订进行研究。

河北大学《人口与计划生育法》重点问题研究课题组，利用大量实际资料，坚持实事求是的科学态度，充分肯定了《人口与计划生育法》实施的成效，客观分析了《人口与计划生育法》实施中存在的问题，系统论证了《人口与计划生育法》修订的必要性和可行性，明确提出了《人口与计划生育法》修订的具体建议，并且把"提倡一对夫妻生育两个子女"作为修订的重点，无论是研究视角，还是核心观点，都符合党的十八届五中全会精神，可以作为《人口与计划生育法》修订以及各省条例修订的重要参考。作为立法民主和公民参与立法的一种形式，这一研究对打造人口计生良法、实施人口计生善政具有重要意义。

本书的出版，对于贯彻落实党的十八届四中全会"依法治国"精神和五中全会实施全面两孩决策，帮助广大人民群众正确认识我国的人口和计划生育形势，深刻理解坚持计划生育基本国策和生育政策调整的重大意义，顺利实施全面两孩政策，促进人口均衡发展，均具有重要的价值。

是为序。

王培安

2015 年 12 月

目　录

前　言

　　2001 年 12 月 29 日，第九届全国人民代表大会常务委员会第二十五次会议通过《中华人民共和国人口与计划生育法》，并且决定自 2002 年 9 月 1 日起施行，第一次以专项法律的形式确立了计划生育的国策地位。《中华人民共和国人口与计划生育法》分为总则、人口发展规划的制定与实施、生育调节、奖励与社会保障、计划生育技术服务、法律责任和附则等 7 章，包括 47 条内容。2015 年 12 月 27 日，第十二届全国人民代表大会常务委员会第十八次会议通过《关于修改〈中华人民共和国人口与计划生育法〉的决定》(2016 年 1 月 1 日施行)，根据我国人口与计划生育形势的变化，重点修改了生育数量调节及奖励和社会保障的内容，并且对部分条款的具体内容做出修订，但仍然维持了原法 7 章、47 条的格局。

　　为了使研究更加全面，本书在篇章安排上保持了与《人口与计划生育法》的一致性，第二章至第七章分别对应《人口与计划生育法》的第一章至第六章，对总则、人口发展规划的制定与实施、生育调节、奖励与社会保障、计划生育技术服务、法律责任等问题进行了专题研究。为了使读者对《人口与计划生育法》修订的理论问题有一个系统的把握，还在前后各增加了一章，分别对《人口与计划生育法》实施以来发挥的作用、《人口与计划生育法》面临的形势与挑战以及调整完善人口与计划生育法规政策的指导思想、原则与方向等问题做出概括和探讨，对新法重点修订的内容和意义、实施的有利条件、计划生育政策及其相关配套政策调整完善的展望等问题做出了探索性研究。

　　本书坚持理论联系实际和服务实践的原则，对《人口与计划生育法》修订问题进行了全面而系统的研究，不仅提出了具体建议，而且做出了可行性论证，为相关研究者提供了法规政策研究的思路、方法和框架，为政策制定者提供了法规政策修订完善可资借鉴的蓝本，尤其对下一步各省、自治区、直辖市修订《计划生育条例》的工作提供了指导和参照，为全国性计划生育相关配套政策的进一步修改和完善提供了方向。因此，本书的出版具有一定的理论价值和实践意义。

　　本次《人口与计划生育法》的修订，将十八届五中全会做出的施行"全面两孩"的决策上升到法律层面，为政策落地提供了法律依据，修订的内容非常集中，即紧紧围绕将"提倡一孩"变为"提倡两孩"。本书内容与本法实际修订相比，无论是研究的范围还是提出的修订建议，都宽泛得多，涉及《人口与计划生育法》绝大多数条款。而本次修订的条款及内容，正是本书研究的重点，而且在本书中对修订的依据也都做出了论证，充分说明了本书的基本观点与新法修订在原则上的一致性。此外，本书亦对一些政策进行了研究，提出创新性的建议，为各地区下一步的计划生育工作以及全国性相关配套法规政策的调整完善提供了重要参考。

本书是在课题组承担的国家卫生和计划生育委员会基层指导司委托的"《人口与计划生育法》重点问题研究"最终研究报告的基础上，结合十八届五中全会做出的实施"全面两孩"的决策精神和新修订的《人口与计划生育法》完成的。本课题研究启动于 2014 年 12 月，中国人口学会会长、中国人民大学社会与人口学院院长翟振武教授，南开大学老龄发展战略研究中心主任原新教授，国家卫计委基层指导司的有关领导，参加了开题报告会，对课题研究方案设计的研究目的、基本思路、指导思想、框架结构等问题进行了系统论证，进一步明确了研究方向和研究重点。

在课题研究过程中，课题组搜集整理了我国实行计划生育以来国家层面和省级层面的计划生育政策法规，以及《人口与计划生育法》实施过程中各地创造的成功经验；多次组织调研活动，召开省、市、县、乡镇（街道）不同层级的计划生育干部座谈会，了解《人口与计划生育法》执行情况、存在问题以及对修法的建议；深入城乡居民家庭入户访谈，了解群众对生育政策、奖励扶助、技术服务、法律责任等《人口与计划生育法》重点内容的认识和看法。在掌握大量文献资料和实际情况的基础上，分专题对《人口与计划生育法》修订与完善需要研究的重点问题进行了深入系统的研究和论证。为了提高研究报告质量、凸显研究成果的实用价值，在完成研究报告初稿后，先后组织召开了课题组内部讨论会，省、市、县（区）三级卫生计生委实际工作者参加的研讨会，有关法学专家参加的涉法问题研讨会，进一步广泛吸收专家学者和实际工作者的意见和建议。

2015年9月中旬召开的课题研究成果结项论证会上，与会的有关专家和国家卫计委基层指导司有关领导对研究报告给予了充分肯定，同时也提出了进一步修改完善的意见和建议。课题组对研究报告再一次做出修改完善后，于10月上旬报送国家卫计委基层指导司，课题圆满结项。

课题研究报告完成于十八届五中全会提出的全面两孩"十三五建议"和新法颁布之前，研究的范围和提出的修订建议比新法修订的内容宽泛得多，为了更好地理解与实施新修订的《人口与计划生育法》，进一步修改完善相关配套法规政策，课题组又对研究报告做了全面修改，在原来7章的基础上，增加了最后一章的内容，并进一步修改了其他各章，形成了呈现在读者面前的这样一部著作。

本书具体分工如下：第一章，河北大学人口研究所教授、博士生导师吕红平，河北大学京津冀协调发展办公室讲师吕静；第二章，河北大学人口研究所副教授、博士胡耀岭；第三章，河北大学人口研究所讲师、博士杨胜利；第四章，河北大学人口研究所副所长、副教授、博士崔红威；第五章，华侨大学政治与公共管理学院教授、博士生导师汤兆云；第六章，河北大学人口研究所副教授包芳；第七章，河北大学政法学院社会学系副主任、教授、博士林顺利；第八章，河北大学人口研究所教授、博士生导师吕红平，河北省人口和计划生育宣传中心副编审杨玉萍。本书由吕红平教授负责修订编纂，政协河北省委员会人口资源环境委员会主任赵新终审。

国家卫生和计划生育委员会副主任王培安为本书作序，给予了较高的评价，肯定了本书的价值。

国家卫计委基层指导司有关领导在课题研究中给予了悉心指导，人民出版社哲学与社会编辑部郭彦辰博士在编辑方面提出了许多宝贵意见和具体建议，在此一并表示感谢！

由于我们水平所限，加之时间较紧，难免存在疏漏或错误，真诚地欢迎读者批评指正。

第 一 章

《人口与计划生育法》修订
与完善理论问题研究

　　《中华人民共和国人口与计划生育法》的颁布与实施，标志着我国实行了二三十年的计划生育工作有了系统的专门法律的保障，计划生育工作走上依法治理的轨道。十多年来，各级党委政府认真贯彻落实《人口与计划生育法》，高度重视计划生育工作，在组织领导、人员配备、经费支持及政策配套等方面提供了重要保障。计划生育系统广大干部严格履行职责，规范行政行为，强化优质服务，为贯彻落实《人口与计划生育法》和做好计划生育工作做出了突出贡献。广大群众依法生育的意识逐步增强，生育的权利和社会保障得到较好落实，政策生育率稳定在较高水平。总体而言，在《人口与计划生育法》颁布实施的十多年里，我国长期保持了低生育水平，人口转变和生育率转变的成果不断巩固，人口快速增长的势头得到有效遏制，为经济社会发展创造了较好的人口环境。

在充分肯定我国计划生育工作取得举世瞩目的伟大成就的同时，也应当认识到人口和计划生育形势发生的复杂变化，以及当前面临的一些人口和计划生育新问题。为此，我国近两年来对计划生育政策进行了重大调整，并最终修订了《人口与计划生育法》。2013 年 11 月 12 日党的十八届三中全会审议通过的《中共中央关于全面推进依法治国若干重大问题的决定》，提出"坚持计划生育的基本国策，启动实施一方是独生子女的夫妇可生育两个孩子的政策，逐步调整完善生育政策，促进人口长期均衡发展"的要求，随后便拉开了我国生育政策调整的序幕，到 2014 年 6 月底，各省、自治区、直辖市全部调整到位。2015 年 10 月 29 日闭幕的党的十八届五中全会又提出"促进人口均衡发展，坚持计划生育的基本国策，完善人口发展战略，全面实施一对夫妇可生育两个孩子政策，积极开展应对人口老龄化行动"，并建议列入"十三五"规划。按照习近平总书记提出的全面建成小康社会、全面深化改革、全面推进依法治国、全面从严治党的"四个全面"战略举措，遵循人口和计划生育工作规律，结合已经发生重大变化的人口和计划生育形势，特别是结合"单独二孩"生育政策本身以及实施过程中表现出来的同《人口与计划生育法》部分条款不一致，甚至相冲突的现实问题，2015 年 12 月 27 日第十二届全国人民代表大会常务委员会第十八次会议通过了《关于修改〈中华人民共和国人口与计划生育法〉的决定》，将独生子女政策修改为"全面两孩"政策。这一政策调整，符合国情，顺应民意，成为人口和计划生育领域实施良法善政的重要基础。这次修订涉及计划生育政策最核心的内容，修改了第十八条及与之密切相关的 5 条，为完善实施细则和配套政策打下基础，各省、自治区、直辖市修订计划生育条例时也有了新的依据。

一、《人口与计划生育法》发挥的重要作用

《人口与计划生育法》的颁布实施，对于保障我国计划生育走向法治、促进计划生育依法行政、形成良好人口环境、保护计划生育家庭利益，均发挥了十分重要的保障作用，必须加以充分肯定。

（一）计划生育上升专项法律，步入有法可依的轨道

一般来说，法律是为了实现社会的公平、公正和进步目标而制定，并经过国家最高权力机关审议，能够体现国情民意的一整套具有强制性和约束力的制度和规范。[①]

《人口与计划生育法》颁布实施前的二十多年里，我国仅有三部法律涉及计划生育：一是 1978 年通过的《中华人民共和国宪法》第五十三条"国家提倡和推行计划生育"，以及 1982 年通过，后经 1988 年、1993 年、1999 年和 2004 年修正的《宪法》第二十五条"国家推行计划生育，使人口的增长同经济和社会

[①] 参见穆光宗：《〈人口与计划生育法〉的背景、内涵和前景分析》，《中国人口科学》2002 年第 3 期。

发展计划相适应"，第四十九条"夫妻双方有实行计划生育的义务"。二是1980年通过、2001年修订的《中华人民共和国婚姻法》第十六条（1980年为第十二条）："夫妻双方都有实行计划生育的义务。"三是1992年通过、2005年修正的《中华人民共和国妇女权益保障法》第五十一条（1992年为第四十七条）："妇女有按照国家有关规定生育子女的权利，也有不生育的自由。"这些法律条文从原则上确立了计划生育的法律地位，但由于缺乏操作性，在人口和计划生育实际工作中，主要还是以中央和国务院文件、部门规章（见表1-1）以及各省、自治区、直辖市的《计划生育条例》等为依据。

表1-1　关于计划生育工作的主要规章和规范性文件

规章或文件名称	颁布时间	颁布部门
节育并发症管理办法（试用）	1990年9月	国家计生委
关于内地居民涉港生育问题的规定	1998年12月	国家计生委
关于中国内地居民涉外生育问题的规定	1998年12月	国家计生委
计划生育统计工作管理办法	1999年3月	国家计生委
计划生育系统统计调查管理办法	2000年11月	国家计生委
计划生育技术服务管理条例	2001年6月	国务院
关于落实向农村实行计划生育的育龄夫妻免费提供避孕节育技术服务的通知	2001年11月	国家计生委、财政部、卫生部、计委

规章或文件名称	颁布时间	颁布部门
病残儿医学鉴定管理办法	2002 年 1 月	国家计生委
出国留学人员生育问题规定	2002 年 4 月	国家计生委
关于禁止非医学需要的胎儿性别鉴定和选择性别的人工终止妊娠的规定	2002 年 11 月	国家计生委、卫生部，国家药品监督管理局
关于综合治理出生人口性别比升高问题的意见	2002 年 11 月	中共中央宣传部，国家计生委、教育部、公安部、民政部、劳动和社会保障部、农业部、卫生部，国家统计局，国家药品监督管理局，中华全国妇女联合会 11 个部门
流动人口计划生育管理和服务工作若干规定	2003 年 12 月	国家人口计生委
关于农村部分计划生育家庭奖励扶助制度试点方案（试行）	2004 年 5 月	国家人口计生委、财政部
西部地区计划生育少生快富工程实施方案的通知	2006 年 10 月	国家人口计生委、财政部
计划生育药具工作管理办法（试行）	2007 年 7 月	国家人口计生委
关于高等学校在校学生计划生育问题的意见	2007 年 7 月	国家人口计生委、教育部、公安部
关于全国独生子女伤残死亡家庭扶助制度试点方案的通知	2007 年 8 月	国家人口计生委、财政部
关于涉侨计划生育政策的若干意见	2009 年 12 月	国家人口计生委、公安部，国务院侨办
计划生育手术并发症鉴定管理办法（试行）	2011 年 10 月	国家人口计生委

规章或文件名称	颁布时间	颁布部门
人口和计划生育行政执法监督规定（试行）	2011 年 11 月	国家人口计生委
关于优化整合妇幼保健和计划生育技术服务资源的指导意见	2013 年 7 月	国家卫生计生委
国家卫生计生委关于全面加强卫生计生法治建设的指导意见	2015 年 1 月	国家卫生计生委

虽然政策、条例、法规和法律都是治理国家的手段，但是在层次、地位、权威性等方面远远低于法律。各种计划生育政策的实施，虽然对稳定低生育水平、控制人口增长起到了重要作用，并且取得了举世瞩目的成就，但在执行过程中也难免出现了一些偏差，例如：计划生育管理与服务缺乏法律依据或法律规定不够具体、缺乏操作性，执法过程不够规范、弹性较大，政策的连续性和稳定性不够强、地区差异较大，计划生育家庭的责任和义务多、权利少，等等。没有国法的支撑，计划生育步履维艰。

为适应市场经济体制和依法治国的社会环境，维护公民的合法权益，推进计划生育依法行政，我国在总结和提炼计划生育工作经验的基础上，把与人口和计划生育相关的政策、规章升格为专门的法律，第一次以专项法律的形式确立了计划生育的国策地位，对计划生育工作的组织领导机制、计划生育行政部门及其工作人员的职责范围、公民的生育权利与实行计划生育的义务、计划生育技术服务、奖励与社会保障、法律责任等，做出了明确规定。它的颁布实施，保证了计划生育政策的稳定性和连续性，标志着我国结束了一个较长时间里主要依据规章制度开展计划生育工作的历史，进入了有法可依的新时代。

尤其值得注意的是，自 20 世纪 80 年代起，我国的计划生育工作备受国外反华势力以人权为借口的攻击。然而，我国并没有屈服于国际社会的压力甚至制裁，而是排除干扰、顶住压力，从我国人口国情出发，把生存权和发展权放到更为重要的位置，坚定不移地坚持计划生育基本国策，不断完善计划生育政策，并且把计划生育政策上升到法律高度，填补了国际社会没有计划生育专项法律的空白。

（二）再次明确了以稳定生育政策和低生育水平为重心的计划生育目标，重申了提倡和鼓励"一孩化"的生育政策

为了遏制我国人口快速增长的势头，实现人口再生产类型的现代化转变，减轻人口规模过大对经济社会发展及人民生活改善的压力，我国自 20 世纪 70 年代初开始实行计划生育。1980 年 9 月 25 日，中共中央发表《关于控制我国人口增长问题致全体共产党员共青团员的公开信》（以下简称《公开信》），在原来"晚、稀、少"[①] 的基础上，明确提出了"提倡一对夫妇只生育一个孩子"的政策要求。经过 20 年的艰苦努力，我国人口出生率从 1970 年的 33.43‰下降到了 1990 年的 21.06‰。为了巩固这一

[①] 1973 年 12 月国务院计划生育领导小组办公室召开的全国计划生育工作汇报会上提出的计划生育政策要求。"晚"是指男 25 周岁以后、女 23 周岁以后结婚，女 24 周岁以后生育；"稀"是指生育间隔在 3 年以上；"少"是指一对夫妇生育孩子数不超过 2 个。

得之不易的工作成就，1991 年 5 月 12 日，中共中央、国务院颁布《关于加强计划生育工作严格控制人口增长的决定》，要求继续坚持从严从紧的生育政策。20 世纪 90 年代，我国人口出生率继续下降至 1999 年的 15.23‰，妇女总和生育率也稳定下降到更替水平以下。由于我国妇女生育水平的下降并非生育观念根本转变条件下自觉自愿的结果，政策要求和行政推动起着很大作用。所以，存在着生育率反弹的可能性。为巩固得之不易的低生育水平，纠正"计划生育可以松一口气"的观点，2000 年 3 月 2 日，中共中央、国务院颁布《关于加强人口与计划生育工作稳定低生育水平的决定》，强调了稳定低生育水平的重要性，提出了"今后十年人口与计划生育工作的目标"。我国计划生育工作在 20 世纪 80 年代以从严从紧控制人口增长和降低生育水平为中心，在 90 年代中后期生育水平下降到更替水平以下之后，及时把工作重点转向稳定低生育水平上来。2001 年 12 月 29 日，九届全国人大常务委员会第二十五次会议通过的《中华人民共和国人口与计划生育法》，把《公开信》提出的"提倡一对夫妇只生育一个孩子"的政策要求上升到法律高度，明确提出"国家稳定现行生育政策，鼓励公民晚婚晚育，提倡一对夫妻生育一个子女"，从而使我国的计划生育工作结束了一个较长时期里主要依据规章制度开展工作的历史，开启了依法管理的新时代。这一法律规定明确反映出我国以稳定生育政策和低生育水平为重心、以一孩政策为主要内容的计划生育目标。可以说，《人口与计划生育法》颁布前的 20 年和颁布后的 15 年，我国计划生育工作的重心都是围绕降低和稳定低生育水平，工作模式一脉相承，较好地保证了计划生育政策的稳定性和连续性。

但从另一方面看，虽然实行计划生育政策有利于国家和民族的长远利益，却是迫于当时人口形势的压力，与群众的生育需求和家庭利益存在较大距离，而中共中央敢于做出"提倡一对夫妇只生育一个孩子"的战略决策，并且逐渐以法律的形式固定下来，充分反映出党和政府的制度自信、胆略和勇气。后来的实践已经证明，我国的计划生育政策总体上符合国情、顺应时代发展要求，不仅为我国经济社会的协调与可持续发展创造了较好的人口环境，而且为世界人口控制做出了积极贡献，尤其是为发展中国家做好人口控制工作提供了可资借鉴的经验。

（三）总结了计划生育工作经验，保证了计划生育政策的稳步推行

我国自 20 世纪 70 年代开始实行计划生育。1980 年以中共中央《公开信》为标志，进入全面实行计划生育时期。为做好这一工作，我国自上而下建立了专门的组织机构以及政府领导、计生行政部门负责、相关部门配合的工作制度，明确了各相关部门在计划生育工作中的职责，形成了齐抓共管、综合治理的工作局面。各地在工作中创造了很多成功的经验，如计划生育"三为主"、计划生育"三结合"、计划生育优质服务、计划生育奖励扶助和优先优惠等。这些计划生育工作中的实践模式和成功经验不仅在全国得到推广，而且还被吸收到《人口与计划生育法》中，如"地方各级人民政府领导本行政区域内的人口与计划生育工作""县级以上地方各级人民政府计划生育行政部门负责本行政区域内的计划生育工作和与计划生育有关的人口工作""县级以上各级人民政府其他有关部门在各自的职责范围内，负责有关的人口与计划生育工作""以避孕为主""国家对实行计划生育的夫妻，按照规定给予奖励""保障公民享有计划生育技术服务"等，以国家法律的形式固定下来，更好地体现了计划生育的国策地位，保证了计划生育工作经验的有效推广和计划生育政策的顺利实施。

（四）促进了相应配套政策的制定实施，计划生育利益导向体系逐步健全

为贯彻落实《人口与计划生育法》中规定的计划生育奖励和社会保障，体现党和政府对计划生育家庭的关心与照顾，让计划生育家庭经济上得实惠、养老有保障，我国加强了人口和计划生育相关配套政策的制定实施，陆续出台了一系列保障计划生育家庭利益的奖励扶助政策，不断完善了计划生育利益导向政策体系。自 2004 年开始，国家相继制定实施了保障计划生育家庭利益的"三项制度"，即：《关于开展对农村部分计划生育家庭实行奖励扶助制度试点工作的意见》（2004）、《西部地区计划生育少生快富工程实施方案的通知》（2006）和《关于全国独生子女伤残死亡家庭扶助制度试点方案的通知》（2007），开始从国家层面对计划生育家庭和独生子女伤残死亡家庭实行帮扶。在国家奖励扶助政策基础上，各省、自治区、直辖市也都结合当地实际，出台了一系列更加具体、力度更大的奖励扶助政策，其中不仅有针对计划生育家庭的资金支持和生产扶助，甚至不少地方还实行中考、高考加分制度。这些具体政策的实施，在一定程度上给予了计划生育家庭经济补偿和其他方面的支持，体现了以国家财政保障国策落实的原则以及党和政府对计划生育家庭的特殊关爱，赢得了广大群众的欢迎和支持。

（五）形成了依法行政的法律环境，计划生育干部的行政行为受到法律保护

《人口与计划生育法》实施之前，人口和计划生育领域没有专门法律，国家机关及其工作人员在行使权力过程中无法可依，有时言行是否过头也无从判断，甚至在执行政策过程中遇到个别群众攻击时缺乏法律保护。

《人口与计划生育法》一方面明确规定了各级人口和计划生育工作人员的责任，要求国家机关工作人员必须依法管理计划生育，对已婚育龄妇女开展孕情检查和随访服务工作，承担计划生育和生殖保健的咨询、指导和技术服务，结合当地实际情况对实行计划生育的夫妻给予奖励、照顾和帮助。同时，也对国家机关及其工作人员依法管理计划生育的行政行为做出规范，对国家机关及其工作人员的行政能力和工作水平提出了更高的标准，要求国家机关及其工作人员必须依法行政、正确执法、文明执法，而不能以单位意见或个人意见代替法律，否则就是违法，就要受到追究。

另一方面，也明确规定"计划生育行政部门及其工作人员依法执行公务受法律保护"，当计划生育工作人员在依法工作过程中遇到个别人的阻挠或受到伤害，有了拿起法律武器维护自己利益的权利和保障。

（六）促进群众生育观念的转变，生育行为受到有效约束

我国实行计划生育以来，广大群众的思想观念和生育意愿发生了根本性变化，"多子多福"的传统生育观念已不复存在，少生优育的现代生育观念成为主流，生育两个孩子成为多数人的选择。2013 年国家卫计委组织的全国城乡居民生育意愿调查结果表明：城乡居民的理想子女数为 1.93 个，其中实行一孩、一孩半、二孩政策的地区分别为 1.84 个、1.98 个和 2.01 个，双独、单独、普通家庭分别为 1.79 个、1.83 个和 1.95 个；现有一孩单独家庭的理想子女数为 1.81 个；81.8% 的被调查者的理想子女数为 2 个，13.2% 为 1 个，4.9% 为 3 个及以上；现有 1 个孩子的被调查者中，有 78.9% 希望生育 2 个孩子。[①] 这一调查结果不仅与 1985 年国家统计局在陕西、河北、上海进行的第一期深入生育力调查（陕西、河北和上海妇女的平均意愿生育子女数分别为 2.5 个、2.2 个和 1.6 个）以及 1990 年全国妇联和国家统计局联合组织的第一期中国妇女社会地位调查（育龄妇女平均意愿生育子女数为 2.23 个）相比都有明显下降，而且与《人口与计划生

---

① 参见庄亚儿、姜玉、王志理等：《当前我国城乡居民的生育意愿——基于 2013 年全国生育意愿调查》，《人口研究》2014 年第 3 期。

育法》颁布之后的 2002 年国家计生委组织的全国城乡居民生育意愿调查（在不考虑计划生育政策的情况下，意愿生育子女数为 2.04 个）相比，亦有明显下降。广大群众生育观念的显著变化，尤其是意愿生育子女数降至 2 个以下的情况说明，广大群众对计划生育政策的认可度和接受度有了很大提高，群众生育意愿与以往国家生育政策之间的差距有所缩小。

《人口与计划生育法》的颁布实施，有力地规范了广大群众的生育行为，促使生育行为在法律约束下发生重大变化。我国《宪法》规定：公民享有宪法和法律规定的权利，同时必须履行宪法和法律规定的义务。公民在行使自由和权利的时候，不得损害国家、社会、集体的利益以及其他公民的合法权利。也就是说，公民在行使权利时，不仅要限制在法律许可的范围内，还必须履行相应的法律义务；如果超出法律许可的范围，其权利非但不受法律保护，还要受到法律的追究。《人口与计划生育法》与《宪法》的精神完全一致，是《宪法》原则在计划生育领域的具体体现。公民有生育的权利，也有依法实行计划生育的义务；公民行使生育权与依法实行计划生育的义务是一致的。公民的生育权是与生俱来的，对于每个公民来讲，生育权是平等的。但生育权的行使并不是孤立的，行使权利的同时还必须履行相应的义务。公民行使生育权应当以履行依法实行计划生育的义务为前提。① 《人口与计划生育法》规定：国家鼓励公民晚婚晚育，提倡

---

① 参见张春生主编：《中华人民共和国人口与计划生育法释义》，法律出版社 2003 年版，第 109—110 页。

一对夫妻只生育一个子女；符合法律、法规规定条件的，可以要求安排生育第二个子女（少数民族地区另有规定）。不按法律法规规定生育子女的公民，由于其生育行为在客观上对国家的经济和社会发展、资源利用、环境保护造成了影响和压力，加重了社会公共投入负担，所以应当承担相应的法律责任，依法缴纳社会抚养费。公民在行使生育权利时，必须承担对国家、对社会、对家庭以及对子孙后代的责任，公民行使生育权不能侵犯国家、社会的利益以及子孙后代的利益和权利。① 这也是人口与经济、社会、资源、环境协调发展和可持续发展的必然要求。《人口与计划生育法》实施以来，广大群众自觉按照法律约束自己的生育行为，家庭生育数量得到有效控制，政策生育率一直维持在较高水平。目前，我国已基本实现了人口再生产类型向低出生率、低死亡率、低增长率的转变。根据《2014 年世界人口数表》提供的资料，2013 年我国人口出生率仅为 12‰，比世界平均水平低 8 个千分点；总和生育率为 1.6，比世界平均水平低 1.0，比发达国家低 0.1。②

（七）较好地保障了计划生育家庭的权益，得到的实惠越来越多

《人口与计划生育法》第二十三条规定："国家对实行计生

---

① 参见王淑娟：《论〈人口与计划生育法〉中公民的权利与义务》，《人口研究》2003 年第 2 期。

② 参见"2014 World Population Data Sheet"，豆丁网，http://www.docin.com/p-932302 886.html。

育的夫妻，按照规定给予奖励。"《人口与计划生育法》的实施为保障计划生育家庭的基本权益起到了保驾护航的作用，使计划生育家庭有了获得国家保护和从国家得到帮扶的法律依据，真正体现出政治上有光荣感、经济上得到实惠、生活上有保障。近年来，我国不仅相继出台了针对计划生育家庭和计划生育特殊家庭的扶助政策，而且还坚持动态调整原则，不断提高扶助标准。2004 年 2 月，国家人口计生委、财政部联合制定的《关于开展对农村部分计划生育家庭实行奖励扶助制度试点工作的意见》规定：自 2004 年起，对符合条件的农村计划生育夫妻，按人年均不低于 600 元的标准发放奖励扶助金，直到亡故为止；资金由中央和地方财政安排专项资金加以解决。试点工作首先选择四川、云南、甘肃、青海、重庆、河北、山西等 10 个省（直辖市）的 10 个市正式启动。2005 年，奖励扶助制度试点范围扩大到 23 个省（自治区、直辖市）；北京、天津、浙江、广东等省（直辖市）自行开展试点。2006 年，奖励扶助制度基本覆盖全国。自 2009 年 1 月起，奖励扶助金标准增加到人年均不低于 720 元。自 2012 年 1 月起，奖扶标准进一步增加到人年均不低于 960 元。2006 年 10 月，国家人口计生委、财政部颁布的《西部地区计划生育少生快富工程实施方案的通知》规定：按照政策法规的规定，可以生育三个孩子而自愿少生一个孩子，并按各省（区）的有关规定采取了长效节育措施的夫妇，只要自愿申请参加、符合条件，每对夫妇一次性给予不少于 3000 元的奖励。2007 年 8 月，国家人口计生委、财政部颁布《关于全国独生子女伤残死亡家庭扶助制度试点方案的通知》，开始从国家层面开展对独生子女伤残死亡家庭的帮扶工作。按该通知规定，凡符合条件的对象，独生子女死亡后未再生育或合法收养子女的夫妻，由政府给予每人每月不低于 100 元的扶助金，直至亡故为止；独生子女伤、病残后未再生育或收养子女的夫妻，由政府给予每人每月不低于 80 元的扶助金，直至亡故或子女康复为止。2011 年 12 月，财政部、国家人口计生委发出《关于调整全国农村部分计划生育家庭奖励扶助和计划生育家庭特别扶助标准的通知》，决定自 2012 年 1 月起，独生子女死亡家庭特扶标准由每人每月不低于 100 元增加到每人每月不低于 135 元；独生子女伤残家庭特扶标准由每人每月不低于 80 元增加到每人每月不低于 110 元。2013 年 12 月，国家卫生计生委、民政部、财政部、人力资源和社会保障部、住房和城乡建设部发出《关于进一步做好计划生育特殊困难家庭扶助工作的通知》，决定自 2014 年起，将独生子女伤残、死亡家庭夫妻的特别扶助金标准分别提高到：城镇每人每月 270 元、340 元，农村每人每月 150 元、170 元，并建立动态增长机制。在国家奖励扶助政策的基础上，各省、自治区、直辖市也都结合当地实际，出台了一系列更加具体、奖扶力度更大的政策，不仅有针对计划生育家庭的资金支持和生产扶助，而且不少地方还实行中考、高考加分制度（见表 1-2）。

这些具体政策的实施，在很大程度上保障了计划生育家庭的基本生活，反映了《人口与计划生育法》对计划生育家庭基本权利的保护。

表1-2 国家层面及省、自治区、直辖市现行主要奖励扶助优惠政策

名称	奖扶对象	补助标准	实施范围
农村计划生育家庭奖励扶助制度	夫妻双方农业户口，独生子女、二女绝育户年满60周岁的父母	每人每年960元	全国
少生快富工程	按照政策法规规定，可以生育三个孩子而自愿少生一个孩子，并按各省（区）有关规定采取了长效节育措施的夫妇	每对夫妇一次性奖励不少于3000元	内蒙古、海南、四川、云南、甘肃、青海、宁夏、新疆及新疆生产建设兵团
计划生育特殊家庭扶助制度	独生子女死亡或伤、病残后未再生育或收养子女的夫妇	城镇每人每月270元、340元，农村每人每月150元、170元	全国
中考、高考加分	父母双方或母亲一方为农村居民、本人户籍为农村居民、父母终身只要一个子女，并依法领取《独生子女父母光荣证》	录取时加10—20分	全国多数省区

应该说，《人口与计划生育法》实施前30年的计划生育工作较多地依靠行政措施，虽然也有一些奖励措施，但是并没有形成全国性的利益导向机制或经济补偿机制。《人口与计划生育法》颁布后的15年里，在利益导向政策体系建设上迈出了较大步伐，取得了明显成效。

（八）确保了人口环境的优化，成为经济社会快速发展的重要条件

《人口与计划生育法》的颁布和实施，有效抑制了人口增长

过快的势头，保持了较长时期的低生育水平，巩固了人口转变和生育率转变的成果，为经济社会稳定快速发展创造了较好的人口环境，对于经济建设、人民生活水平提高和社会进步起到了重要作用。改革开放和经济建设为实行计划生育创造了良好的社会经济环境，实行计划生育所取得的控制人口增长的成就又为经济持续增长、人民生活水平不断提高和社会发展全面进步创造了有利的人口环境，二者相互促进，相得益彰。从计划生育对经济社会发展的积极影响看，主要有以下几个方面。

一是有效抑制了人口增长过快的势头。随着《人口与计划生育法》的贯彻实施，广大群众对计划生育的理解和支持程度越来越高，再加上经济社会快速发展的宏观环境和生育成本增加的现实，使我国长期保持了低生育水平，有效抑制了人口过快增长的势头。例如，2001—2014 年我国人口出生率和自然增长率分别由 13.38‰和 6.95‰降至 12.37‰和 5.21‰；总人口由 127627 万人增加到 136782 万人，年平均增长率仅为 0.53%。按照《2014 年世界人口数表》提供的数据，我国人口出生率仅为 12‰，比世界平均水平低 8 个千分点，人口增长速度极低。我国人口再生产类型已经稳定实现了向低出生率、低死亡率、低增长率的历史性转变，减轻了改革开放与社会经济可持续发展的人口压力。

二是促进了广大群众婚姻、生育、家庭观念的转变。随着《人口与计划生育法》的贯彻实施和计划生育宣传教育的深入开展，以及经济发展和社会进步在思想观念领域的影响，人们的婚姻、生育、家庭观念已经和正在发生深刻变化，主要表现为：婚姻目的由传宗接代的唯一性趋于多元化；传统的"早婚早育""多子多福"观念基本上不复存在，"重男轻女"的观念不断弱化；"晚婚晚育""少生优生""生男生女一样好"等现代生育观念正逐步被越来越多的群众所接受，并对人们的实际生育行为产生了显著影响；追求家庭生活幸福、美满、和谐以及现代、科学、文明的生活方式成为不可阻挡的时代潮流。在此背景下，早婚比例显著下降，平均初婚年龄不断提高。我国妇女平均初婚年龄变化为：1970 年 20.19 岁，1980 年 23.05 岁，1982 年 22.66 岁，1995 年 22.93 岁，2000 年 24.15 岁，2010 年 22.80 岁。①

三是促进了人口素质提高和人的全面发展。《人口与计划生育法》规定："国家采取综合措施，控制人口数量，提高人口素质。"十多年来，国家依靠宣传教育、科技进步、综合服务、建立健全奖励和社会保障制度等，不仅在开展人口和计划生育工作、稳定低生育水平方面取得了显著成效，而且高度重视提高人口素质工作，在从人口大国向人力资源强国转变的道路上迈出了较大步伐，群众生活水平不断提高，生活质量大幅改善，促进了人的全面发展。这一点可以从反映人口素质的三个主要指标的变化和比较中反映出来。

---

① 1970 年、1980 年和 1982 年数据源自袁永熙主编的《中国人口丛书（总论）》，中国财政经济出版社 1991 年版，第 418 页；1995 年和 2000 年数据源自国家统计局人口和社会科技统计司编写的《中国社会中的女人和男人——事实和数据（2004）》，中国统计出版社 2004 年版，第 21 页；2010 年数据源自国家统计局社会与科技统计司编写的《中国社会中的女人和男人——事实和数据（2012）》，中国统计出版社 2012 年版，第 25 页。

　　首先，从人口死亡率的变化情况看，我国人口死亡率自1977年就下降到了7‰以下的较低水平，直到31年后的2008年才超过7‰，2008—2014年稳定在7‰—7.2‰之间（人口死亡率升高的原因在于人口年龄结构变化，即人口老龄化所致）。按照《2014年世界人口数表》提供的数据，2013年我国人口死亡率为7‰，比世界平均水平低1个千分点。

　　其次，从人口平均预期寿命的变化情况看，我国人口平均预期寿命1982年为67.77岁，其中男性66.28岁，女性69.27岁；2010年人口平均预期寿命增加到74.83岁，其中男性72.38岁，女性77.37岁；28年间，人口平均预期寿命年均增加0.252岁，其中男性年均增加0.218岁，女性年均增加0.289岁。按照《2014年世界人口数表》提供的数据，2013年我国人口平均预期寿命为75岁，其中男性74岁，女性77岁，与1970年相比，增加了12岁，比2013年世界平均水平高出4岁（其中男性高5岁，女性高4岁）。[①] 人口死亡率和平均预期寿命两个指标的变化，即可反映出我国人口身体素质不断提高的情况。

　　再次，从人口文化素质的变化情况看，20世纪80年代以来，我国人口文化素质的提高速度也很快，第三、第四、第五和第六次全国人口普查资料充分反映了这一点。从表1-3的数据可以看出，1982年到2010年间，我国的文盲率下降了30.07个百分点；大专及以上文化程度人数增长幅度最大，增加了将近14倍，

---

① 参见"2014 World Population Data Sheet"，豆丁网，http：//www.docin.com/p-932302886.html。

初中和高中文化程度人数均增加 1 倍多，只有小学文化程度人数减少了将近 1/4（此为人口年龄结构变化，即少年儿童人口数量减少所致）；平均受教育年限增加了 3.34 年。人口受教育程度的结构性变化充分反映出我国人口文化科学素质提高的状况。

表 1-3　我国主要人口素质指标的变化

年份	人口死亡率（‰）	平均预期寿命（岁）	每 10 万人口中各种文化程度人数				平均受教育年数	文盲率（%）
			小学	初中	高中①	大专及以上		
1982	6.60	67.77	35396	17750	6627	601	5.47	35.66
1990	6.67	68.55	37170	23298	7951	1394	6.31	25.06
2000	6.45	71.40	35539	33992	11128	3543	7.68	11.52
2010	7.11	74.83	26801	38878	14004	8882	8.81	5.59

资料来源：人口死亡率源自历年《中国统计年鉴》；每 10 万人口中各种文化程度人数、平均受教育年数和文盲率指标根据历次人口普查资料计算。

二、《人口与计划生育法》面临的形势与挑战

由于社会环境和人口计划生育形势的一些重大变化，《人口与计划生育法》在实施过程中遇到了诸多问题与挑战。深入研究这些问题与挑战，是修订和完善《人口与计划生育法》相关法规及其实施细则的重要前提。

---

① 高中为高中和中专合计数。

（一）与已经发生重大变化的人口计划生育形势的要求不相适应，不利于人口均衡发展

不同的历史时期，对人口发展有不同的要求，人口和计划生育政策的重点必然有所区别。20 世纪 70—90 年代，我国的人口问题集中表现为人口增长速度过快，所以，当时计划生育政策关注的焦点在于降低生育率、稳定低生育水平。从中共中央《公开信》到各省区《计划生育条例》，都是强调"从严从紧"的生育政策，"提倡一对夫妇只生育一个孩子"。20 世纪 90 年代中后期，我国妇女总和生育率已经降至更替水平以下。即使以《人口与计划生育法》颁布实施为标志，我国的低生育水平也已稳定了 15 年的时间。与此同时，人口发展中的其他问题开始浮现，例如：人口老龄化速度加快，劳动年龄人口总量自 2012 年开始减少，"人口红利"很快将完全消失，并且还会转变为"人口亏损"和人口抚养负担加重的局面；出生人口性别比长期偏高，性别结构严重失衡；家庭规模小型化、养老功能弱化、发展能力不足等问题日益突出。虽然我国现阶段依然存在人口数量过多的问题，必须继续坚持计划生育基本国策不动摇。但是，也必须根据客观情况的变化，统筹考虑人口数量、质量、结构等问题，把促进人口均衡发展放在更为重要的位置。总之，中共中央《公开信》发表 35 年来，我国的人口形势发生了非常大的变化，客观上要求对计划生育政策法规做出调整。我国人口形势的变化主要表现在以下五个方面。

一是人口快速增长的势头得到有效遏制。从人口增长速度

看，我国人口已经发生了由高增长率向低增长率的变化，以年平均人口增长率为例，1949—1970 年为 2.05%，1971—1980 年为 1.85%，1981—1990 年为 1.48%，1991—2000 年为 1.04%，2001—2010 年为 0.57%，2011—2014 年为 0.50%（见表 1-4）。

表 1-4　我国人口数量变化情况

时　间	年均增加人数（万人）	年均增长率（%）	总和生育率（个）
1949—1970 年	1372.62	2.05	5.8
1971—1980 年	1571.30	1.85	3.7
1981—1990 年	1562.80	1.48	2.4
1991—2000 年	1241.00	1.04	1.8
2001—2010 年	735.70	0.57	1.6
2011—2014 年	670.50	0.50	1.5

资料来源：根据历年《中国统计年鉴》及《中华人民共和国 2014 年国民经济和社会发展统计公报》计算。

与世界平均水平和较发达国家的现状相比较，我国的人口出生率、自然增长率、总和生育率已经低于世界平均水平，与发达国家接近；从未来发展趋势看，我国人口增长率比世界平均水平和较发达国家水平都要低得多。根据《2014 年世界人口数表》提供的数据，2013 年我国人口出生率、自然增长率和总和生育率分别为 12‰、5‰和 1.6，世界平均水平分别为 20‰、12‰和 2.5，较发达国家分别为 11‰、1‰和 1.6；2030 年和 2050 年与 2014 年相比，我国人口数量增长率将分别为 2.64% 和 -3.83%，世界人口增长率将分别为 16.66% 和 33.78%，较发达国家人口增长率将分别为3.44%和4.80%（见表1-5）。由此即可看出，我国未来人口数量将呈现明显减少的趋势。

表1-5　我国人口数量变化情况比较

地区	2014年			2030年比2014年增长（%）	2050年比2014年增长（%）
	人口出生率（‰）	自然增长率（‰）	总和生育率（个）		
世界平均	20	12	2.5	16.66	33.78
较发达国家	11	1	1.6	3.44	4.8
中国	12	5	1.5	2.64	-3.83

资料来源：《2014年世界人口数表》。

　　二是人口老龄化速度加快，高龄化和空巢化趋势明显。从老年人口规模和人口老龄化速度看，1982—2014年间，我国65岁及以上老年人口数量从4927.63万人增加到13755万人，年平均增加275.86万人，年平均增长率3.26%，其中1982—2000年为3.29%，2001—2014年3.22%；老年人口比重从4.91%上升到10.06%，以60岁的口径计算，1982—2014年老年人口年平均增长率为3.24%，其中1982—2000年为2.98%，2001—2014年为3.57%（见表1-6）。而1982—2014年总人口年平均增长率为0.89%，其中1982—2000年为1.19%，2001—2014年为0.69%，大大低于老年人口增长率。由此即可看出我国人口老龄化速度明显加快的趋势。

表 1-6 我国老年人口数量变化情况

年份	老年人口数量（万人）		老年人口增长率（%）	
	60 岁及以上	65 岁及以上	60 岁及以上	65 岁及以上
1982	7663.85	4927.63	7.63	4.91
1990	9696.96	6299.34	8.58	5.57
2000	12997.79	8827.40	10.46	7.10
2010	17755.85	11889.12	13.32	8.92
2014	21242.00	13755.00	15.53	10.06

资料来源：根据第三、第四、第五和第六次全国人口普查资料计算。

从与世界平均水平和较发达国家的比较看，随着平均预期寿命的增加、人口流动性增强、家庭人数减少，我国人口高龄化和空巢化趋势也将表现出异常明显的特点，对社会养老保障形成巨大挑战。2000 年"五普"时，我国 80 岁及以上高龄人口数量为 1191.11 万人，占 65 岁及以上老年人口的 13.58%；2010 年"六普"时，我国 80 岁及以上高龄人口数量为 2095.34 万人，占 65 岁及以上老年人口的 17.62%。10 年间，高龄老人增加了 75.91%。全国老龄办发布的《我国城市居家养老服务研究》显示：2012 年我国大约有 6200 万空巢老人，占老年人口总数的 1/3。城市空巢家庭比例为 49.7%，与 2000 年相比，提高了 7.7 个百分点；农村空巢家庭比例为 38.3%，其比例上升速度高于城市上升速度。[①] 根据民政部的统计数据和全国老龄办发布的《中

[①] 参见张兴文：《数据解读老龄中国（三）：全国空巢老年人约 6200 万》，和讯网，http://pension.hexun.com/2012-08-30/145307558.html。

国老龄事业发展报告（2013）》，2013年慢性病患病老年人数和空巢老年人口（以60岁为标准）数量都将突破一亿人大关；老年人口的高龄、失能和空巢化将进一步加剧，失能老年人口将从2012年的3600万人增长到2013年的3750万人。[①] 有关统计资料显示，2004年时，我国不能自理的老年人数就超过1200万人，比例为8.9%。目前约有3000万老年人需要不同形式的长期护理，5%的老年人有入住老年机构的愿望，但专门为老年人提供服务的设施严重不足，远远不能满足需要。[②] 随着老龄化趋势的不断上升，由此带来的慢性疾病、医疗保健以及老年人生活质量等问题已经对我国社会经济发展提出巨大挑战。

　　三是家庭规模小型化、养老功能弱化、发展能力不足等问题日益突出。我国家庭人数的变化情况为：20世纪50年代大约为5.3人，1982年"三普"时4.43人，1990年"四普"时3.96人，2000年"五普"时3.46人，2010年"六普"时3.10人。核心家庭和独生子女家庭比例显著提高，尤其是失独家庭规模较大。根据穆光宗的研究，我国独生子女家庭2012年就有1.5亿个。[③] 卫生部发布的《2010中国卫生统计年鉴》数据显示，中国每年新

[①] 参见李泽伟：《我国慢性病患病老年和空巢老人数量都将破一亿》，《北京青年报》2013年10月14日，转引自新华网，http：//news.xinhuanet.com/health/2013-10/14/c_117698410.htm。

[②] 参见张然：《我国老年人总数超过欧洲老年人口总和》，《京华时报》2012年4月8日，转引自东方网，http：//news.eastday.com/c/20120408/u1a6472237.html。

[③] 数据来自中新社记者欧阳开宇对穆光宗的采访：《中国第一代独生子女家庭面临尽孝考验》，中国新闻网，http：//www.chinanews.com/sh/2012/07-11/4026100.shtml。

增 7.6 万个失独家庭，中国失去独生子女的家庭已超过 100 万个。① 家庭规模和家庭结构的变化，严重削弱了家庭的养老功能和发展能力。

四是劳动年龄人口总量开始减少，"人口负债"日益逼近。国家统计局发布的统计公报显示，我国大陆 16—59 岁的劳动年龄人口数量自 2012 年开始，每年都比上一年减少二三百万人。根据预测，我国劳动年龄人口在比较长的一段时间里，至少在 2030 年以前，仍将持续减少。人口年龄构成的变化还将导致劳动力平均年龄不断增加，进而影响到劳动力的活力。劳动力数量减少、比例降低，致使"人口红利"消失，人口抚养负担加重。"人口红利"终结之后，将很快转变为"人口负债"或"人口亏损"，即持续的人口减少。这一局面将会带来什么样的后果，人们尚难以准确预测，因为迄今为止，还没有哪一个国家出现过大范围、大幅度持续人口减少的情况。②

五是出生人口性别比长期偏高，性别结构严重失衡。我国 1982 年第三次人口普查资料表明，出生人口性别比已经开始出现偏高的问题，此后的几十年间，这一问题一直未能得到解决。我国出生人口性别比情况为：1982 年"三普"时为 108.47，1990 年"四普"时为 111.87，2000 年"五普"时为 116.86，

---

① 参见《中国失独家庭已超 100 万个　每年新增 7.6 万个》，中国网络电视台，http://news.cntv.cn/society/20121217/103142.shtml。

② 参见翟振武等：《稳定低生育水平：概念、理论与战略》，《人口研究》2000 年第 3 期。

2010 年"六普"时为 117.94，2014 年为 115.88。虽然在生育率快速下降过程中出现出生人口性别比升高的问题并非我国所独有，但是从出生人口性别比偏高问题持续时间之长和偏离正常值域程度之大而言，却是以我国为最。而且由于我国人口基数庞大，出生人口性别比升高所导致的男女两性人口数量差异也非常大。根据 2010 年"六普"资料测算，到 2030 年时，我国 20—39 岁婚龄人口中男性数量将会比女性数量多出 2219 万。届时，男性择偶难的问题将会非常突出，由此可能会引发很多社会问题。

人口形势的变化，尤其是长期过低的生育水平和严重失调的结构性问题，将成为人口均衡发展的不利因素。虽然 2015 年 12 月 27 日第十二届全国人民代表大会常务委员会第十八次会议已经将实行三十多年的"提倡一孩"政策修改为"提倡两孩"政策，即：删除了原法第十八条"稳定现行生育政策，鼓励公民晚婚晚育"的内容，将"提倡一对夫妻生育一个子女"修改为"提倡一对夫妻生育两个子女"，但由于对奖励扶助的内容少有涉及，"全面两孩"政策还缺乏完善的法规政策保障。为了避免出现"单独二孩"政策遭"冷遇"的问题，保障"全面两孩"政策的顺利实施，确保群众生得起、养得好，有必要对相关配套政策、尤其是生育保障政策做出相应的调整和完善。

（二）对家庭利益和公民权利关注不够，利益导向的作用有限

实行计划生育，从国家发展和民族繁荣的角度而言，是必须做出的选择，利在当代，功在千秋，而且是一项低投入、高收益的社会事业。原国家计生委副主任杨魁孚主持的 1999 年国家哲学社会科学基金项目和国家计划生育委员会重点课题"计划生育效益与投入"的最终研究成果《中国计划生育效益与投入》一书，从可用货币形式计量的投入—产出关系进行的研究认为：自 1971 年到 1998 年，国家财政和非国家财政累计对计划生育的投入是 926 亿元，而因计划生育因素少生了 3.38 亿人，平均每少生 1 个孩子仅需投入 274 元。与少生人口为全社会节省的 7.4 万亿少年儿童抚养费相比，计划生育投入—产出的经济效益为1：80。也就是说，全社会在计划生育上每投入 1 元，便可有节省 80 元少年儿童抚养费的机会产出。《中国计划生育效益与投入》一书还引用泰国梅多尔大学人口和社会研究所 1983 年对该国 20个省的家庭计划方案的经济效益的研究，得出了少生一个孩子所得到的经济效益比所需支出的节育费用高出 40 倍（由省级医院提供节育）或 130 倍（由地区级医院提供节育服务）的结论。①这一研究表明，计划生育的确是一项投入小、产出大的社会事业，净经济效益极其显著。然而，从家庭层面而言，就大不一样了。尽管多次生育意愿调查情况表明，绝大多数群众都已经摒弃了"多子多福"的传统生育观念，但真正接受"一对夫妇只生育一个孩子"的并不占多数，多数人希望能够生育两个孩子。因为在我国现实情况下，生育两个孩子与生育一个孩子相比，不仅能

---

① 参见杨魁孚等：《中国计划生育效益与投入》，人民出版社 2000 年版，第 17、232 页。

够从社会得到更多的利益，而且对家庭的经济贡献也更大。这一点在农村表现得尤其突出。所以，从某种程度上说，实行计划生育的家庭少得了利益，是以牺牲"小家"的利益保全"大家"的利益。为此，就应该给予补偿。然而，我国计划生育奖励扶助政策和《人口与计划生育法》对家庭利益和公民权利关注力度都不够大，其问题主要表现在以下三个方面。

1. 对计划生育家庭发展能力关注不够

家庭作为社会的细胞组织，其健康状况和发展能力，不仅影响到家庭发展状况和家庭功能的实现，而且对于经济社会发展的可持续性也有重要影响。然而，无论是《人口与计划生育法》还是其他相关计划生育政策，对计划生育家庭发展能力的关注度和支持力都不够大。

一是计划生育利益导向机制标准过低，城乡不统一，缺乏动态调整机制。同时，奖励种类多而散，呈现出碎片化的特点，激励效应差。为了使计划生育家庭得到更多的利益，我国制定实施了一系列利益导向政策。其实，制定利益导向政策的目的无非有两个：（1）通过这一制度，给予计划生育家庭一定的经济帮助，以弥补他们因响应国家号召所损失的利益，坚定他们的计划生育信念；（2）通过示范效应，吸引其他群众实行计划生育，促进计划生育工作的顺利开展，落实好计划生育基本国策。然而，由于计划生育奖励扶助标准过低，未能形成与经济社会发展和物价变动相适应的动态调整机制，对育龄群众的吸引力不足，因此也就起不到应有的导向和激励作用。试想，长期以来我国的独生子女保健费一直保持每月 5 元，在 20 世纪 80 年代平均工资水平只有几十元的情况下，这一补贴数额在收入中所占比例并不低，大约可以占到 1/10；而按照国家统计局公布的《2014 年国民经济和社会发展统计公报》提供的数据，当年全国居民人均可支配收入为 20167 元，月平均 1680 元，5 元的奖励金相对于这样的人均可支配收入而言，简直可以忽略不计了。

二是对于独生子女伤残死亡家庭的特别扶助力度不够大。虽然 2013 年 12 月国家卫计委等 5 部门出台了《关于进一步做好计划生育特殊困难家庭扶助工作的通知》，决定自 2014 年起，将女方年满 49 周岁的独生子女伤残、死亡家庭夫妻的特别扶助金标准分别提高到：城镇每人每月 270 元、340 元，农村每人每月 150 元、170 元，并建立动态增长机制。其实，这已经是自 2007 年开展扶助工作以来第二次提高扶助标准。但是，与人均可支配收入相比，仍显得太低，尤其是独生子女死亡家庭和独生子女伤病残家庭，都常常因治疗而花费过大量金钱。伤病残独生子女不仅需要花费大量资金用于继续治疗和保健，还会因需要专人照料而影响父母正常的工作和收入。根据一些典型调查，不少家庭更因为独生子女死亡或伤病残而留下数目不小的债务。此外，自 2014 年起执行的新的独生子女伤残死亡家庭特别扶助制度改变了原来城乡相同的帮扶标准，而是实行城乡有别的帮扶标准，这一点备受诟病，甚至引起一些农村独生子女伤残死亡家庭的不满情绪。

三是缺乏针对计划生育手术并发症患者的帮扶规定。一些实行计划生育的群众，因为节育手术留下并发症或后遗症，甚至导致残疾，严重影响到他们的生活，但《人口与计划生育法》并没有针对这一情况做出明确的帮扶规定。实际上，国家人口计生委、财政部 2011 年就下发了《关于将三级以上计划生育手术并发症人员纳入计划生育家庭特别扶助制度的通知》，决定自 2011 年起，对三级以上并发症人员，给予每人每月不低于 100 元的扶助金；对二级并发症人员，给予每人每月不低于 200 元的扶助金；对一级并发症人员，给予每人每月不低于 300 元的扶助金。本次的《人口与计划生育法》修订没有涉及这一点，在未来的修订中还是应当对此做出原则性规定，或者明确增加相关内容。因为尽管现在的节育技术已经达到了很高的水平，但任何手术都不会是零风险，因此，计划生育手术并发症不可能完全避免。从法律上明确国家对计划生育手术并发症患者的帮扶责任，不仅可以解除计划生育手术并发症患者的后顾之忧，而且还有利于增强广大群众选择安全、有效、适宜的避孕措施的信心。

2. 计划生育方面的义务多、权利和保障少

关于公民权利问题，我国《宪法》规定："中华人民共和国公民在法律面前一律平等。"《人口与计划生育法》规定："公民有生育的权利，也有依法实行计划生育的义务，夫妻双方在实行计划生育中负有共同的责任。"在计划生育实际工作中，往往是强调公民履行计划生育的义务多、要求多，对公民应当享有的权利关注不够，利益补偿少，社会服务少，甚至在某种程度上忽视公民的权利，形成了事实上权利与义务的不对等。例如：在生育

和节育方面，要求公民按照生育政策安排生育行为，采取节育措施；否则，就要受到具有较大刚性的不同形式的惩罚，包括交纳社会抚养费、党纪政纪处分等。但是，在奖励、保障和服务方面的权利规定，显得过于空泛，只有原则性规定，缺乏可操作的条款。例如："按照规定给予奖励"，"按照国家和省、自治区、直辖市有关规定享受独生子女父母奖励"，"地方各级人民政府对农村实行计划生育的家庭发展经济，给予资金、技术、培训等方面的支持、优惠；对实行计划生育的贫困家庭，在扶贫贷款、以工代赈、扶贫项目和社会救济等方面给予优先照顾"，等等。这些原则性规定，有的因为缺乏实施细则或保障措施未能认真落实，有的则因为授权地方政府制定实施细则，导致过大的区域差异，最终表现为公民权利不平等。

3. 生育权利和奖励扶助政策不统一、不平等

生育权是人的基本权利，应当平等享有。本次修订后的《人口与计划生育法》，将第十八条第一款中的"提倡一对夫妻生育一个子女"修改成了"提倡一对夫妻生育两个子女"，即实行"全面两孩"政策，可以说在允许两孩生育这一点上实现了全国统一。但是，在照顾生育的批准权限上，依然未做统一规定，而是同以往一样，把权限授予省、自治区、直辖市人民代表大会或者其常务委员会。仅仅将原法第二款"符合法律、法规规定条件的，可以要求安排生育第二个子女。具体办法由省、自治区、直辖市人民代表大会或者其常务委员会规定"修改为"符合法律、法规规定条件的，可以要求安排再生育子女。具体办法由省、自

治区、直辖市人民代表大会或者其常务委员会规定"。对于少数民族的生育数量限制，则维持了原法规定，即原法第三款："少数民族也要实行计划生育，具体办法由省、自治区、直辖市人民代表大会或者其常务委员会规定。"此外，本次修法还增加了第四款："夫妻双方户籍所在地的省、自治区、直辖市之间关于再生育子女的规定不一致的，按照有利于当事人的原则适用。"总的说来，修订后的《人口与计划生育法》在二孩生育上实现了法律面前人人平等原则下的全国统一；然而，在二孩以上生育方面仍然赋予各省、自治区、直辖市人民代表大会或者其常务委员会根据本地情况制定具体办法的权力，因而，必然会存在地区和民族间的不平等。这种差异性生育政策不仅依然与宪法原则不一致，而且与社会公正原则也不一致。

在利益导向政策方面，也存在诸多差异。如果说《人口与计划生育法》颁布实施前，由于没有制定国家层面的统一的计划生育家庭奖励扶助制度，对计划生育家庭的奖励扶助主要由各省、自治区、直辖市制定，存在地区差异大的问题可以理解的话，那么，2004年后，我国已经相继制定实施了"三项制度"，形成了以国家为主体的全国统一的奖励扶助政策，但仍然存在城乡有别、地区差异等问题，就属于制度性问题了。例如：城市计划生育家庭不能享受类似于农村部分计划生育奖励扶助的政策；城市计划生育家庭享受的一些优惠政策农村计划生育家庭不能享受，如退休时一次性奖励和加发一定比例的退休工资；即使是城市计划生育家庭，也会因为是否是"单位人"或单位性质不同导致奖励扶助方面的差异；2014 年独生子女伤残死亡家庭扶助标准提高后，反而出现了城乡标准不统一的问题；等等。奖励扶助政策不统一，不仅增加了扶助对象的不满和抱怨，也导致一些社会风险因素的产生。

差别性的计划生育政策考虑到了地区之间经济社会发展水平不均衡以及居民对计划生育政策接受程度的差异，体现了对少数民族的照顾，在当时情况下确有其合理性。但在公民平等观念和维权意识以及经济社会发展水平普遍提高的现实情况下，则更适于逐步改变差别性的计划生育政策。因此，在各省、自治区、直辖市制定具体办法时，国家主管行政部门应当给予必要的指导，尽量缩小差异；更远的未来，可以考虑取消差异，实行全国统一的生育政策，以体现计划生育的国策地位。

（三）公民义务的强制性强，享受权利的前置性条件多

《人口与计划生育法》规定：公民"有依法实行计划生育的义务，夫妻双方在实行计划生育中负有共同的责任"，"提倡一对夫妻生育两个子女"。虽然法律文本中并没有明确的强制性词句，但由于法律规定的模糊性和倾向性，导致实际工作中一些地方为完成工作任务，往往采取强制性措施，工作方式粗暴、方法强硬的问题并未完全根绝。究其原因，既与一些干部不注意工作方法的情况有关，也与制度缺陷有一定关系。例如，我们在对各级政府及领导干部的政绩考核中实行"一票否决制"，在计划生育考核中实行出生性别比治理"一票否决制"，计划生育干部在工作

压力大的情况下，有时难免会采取一些打"擦边球"的做法，甚至出现违规违法的行为。

在公民享受计划生育权利方面，规定了较多的前置性条件，在一定程度上影响到公民权利的实现。例如，生育要办理生育证，一胎有一胎证，二胎有二胎证。而且办证程序烦琐，需要的材料多，有些甚至难以提供，造成办证难。这种前置性条件的设定与目前的改革不相适应，应当尽量减少或去除。

（四）计划生育服务的内容和对象与实际需求不一致，滞后于需求变化

《人口与计划生育法》第五章第三十一条规定："各级人民政府应当采取措施，保障公民享有计划生育技术服务，提高公民的生殖健康水平。"第三十三条规定："计划生育技术服务机构和从事计划生育技术服务的医疗、保健机构应当在各自的职责范围内，针对育龄人群开展人口和计划生育基础知识宣传教育，对已婚育龄妇女开展孕情检查、随访服务工作，承担计划生育、生殖保健的咨询、指导和技术服务。"虽然《人口与计划生育法》以法律的形式规定了计划生育服务的范围，给育龄人群带来了福利，促进了计划生育工作的顺利开展，但随着社会变迁和人们思想观念的变化，育龄人群对计划生育服务内容和服务质量有了更多、更高的要求，《人口与计划生育法》规定的服务范围和服务内容，尤其是实际工作中提供服务的情况与人们实际需求相比，出现了某种程度的不一致，育龄人群对计划生育服务的需求难以

得到很好的满足。

国家人口计生委科学技术研究所 2013 年发布的一组数据显示：我国每年人工流产多达 1300 万人次，这还不包括通过非法渠道实施的人工流产。国务院妇女儿童工作委员会办公室和联合国人口基金曾委托北京大学人口研究所开展了一项"中国青少年生殖健康可及性政策发展研究"，调研结果显示：在有婚前性行为的女性青少年中，超过 20% 的人曾非意愿妊娠，其中高达91% 的非意愿妊娠都以人工流产告终。在人工流产问题上，重复流产的情况也相当严重。广州市妇女儿童医疗中心提供的统计数据显示：2013 年 1—7 月，在该院接受人工流产的人群中，重复人工流产（两次及以上人工流产）率为 46.62%，短短半年时间内再次人工流产率近 2%。更让人担忧的是，人工流产问题已经呈现出低龄化趋势。国家人口计生委科学技术研究所发布的数据显示：我国每年人工流产总数中，25 岁以下的女性约占一半以上，大学生甚至成为人工流产的"主力军"。中国青少年生殖健康调查报告显示：我国未婚青少年中，约有 60% 的人对婚前性行为持比较宽容的态度，22.4% 的人曾经有过性行为。广东省的一项调查显示，48% 的大学生赞成"恋人间发生婚前性行为"。①这些问题说明，婚前性行为越来越多，未婚青年意外怀孕和流产、引产数量随之增加，这就要求计划生育服务对象从育能人群（即已婚育龄人口）往前移，高度重视对未婚青年、青少年的计

---

① 参见周易、向楠：《中国每年人工流产达 1300 万人次 低龄化问题突出》，《中国青年报》2015 年 1 月 26 日。

划生育指导与服务。

再就是随着人们健康水平的提高和老年人口规模的扩大，尤其是老年再婚数量的增加，计划生育技术服务对象还需要向后延伸，把部分老年人纳入服务范围。

（五）一些突出问题的处罚缺乏可行性与操作性，执行效率不高

随着社会主义法治建设的不断推进，计划生育行政执法工作近年来得到不断加强，水平不断提高，但由于我国的人口和计划生育工作机制是在计划经济体制下形成的，长期以来带有很强的计划体制的烙印和色彩，给计划生育行政执法带来了一定的难度。近年来，社会不断进步，经济快速发展，多数群众的婚育观念发生了根本性转变，但政策外超生和"非医学需要的胎儿性别鉴定、非医学需要的人工终止妊娠"（以下简称"两非"）问题依然屡禁不止，再加上人口流动性强，人口和计生行政执法难度越来越大，尤其是社会抚养费的征收和"两非"治理更是难上加难。究其原因，主要在于法律法规只有原则性规定，缺乏可操作的具体措施。

一方面，社会抚养费征收难以到位。受传统文化的影响，人们的生育观念仍未发生根本性转变，政策外生育现象时有发生，但由于计生行政管理部门的执法权过弱，导致社会抚养费征收很难到位。究其原因，一是政策外生育的家庭经济能力差，交不起。二是个别超生者抵制不交，缺乏强制措施。三是法院强制执行难，

不仅群众存在法不责众的观念，而且即使人民法院也难以承担大量强制执行征收社会抚养费的工作，做不到有案即立，所以，并不是可以通过法院就可以完成所有的社会抚养费的征收工作。①《人口与计划生育法》对于这一问题缺乏可操作性的规定，给基层计生工作造成很大困难。

另一方面，"两非"治理缺乏可操作性。非医学需要的胎儿性别鉴定和选择性别的人工终止妊娠行为，是出生人口性别比持续偏高的直接原因，不仅对计划生育工作产生了较大冲击，导致人口性别结构严重失衡，而且对落实男女平等的基本国策和维持社会稳定也产生了一定的不良影响。虽然《人口与计划生育法》做出了"严禁利用超声技术和其他技术手段进行非医学需要的胎儿性别鉴定、严禁非医学需要的选择性别的人工终止妊娠"的规定，但由于缺乏可操作性的处罚措施，以及取证难、办案难的问题，造成"上有政策，下有对策""禁而不止"的现象。

出现"两非"的原因很多，既涉及思想观念问题，也与我国的社会现实有关；既有经济原因，也有家庭原因。治理"两非"是一项艰巨而复杂的社会系统工程，需要多措并举，综合施治，齐抓共管，标本兼治。首先，"两非"案件具有很强的隐蔽性，B超机越来越便捷化，且B超技术简单易用，很容易被用于胎儿性别鉴定。犯案团伙在利用B超技术进行胎儿性别鉴定时，往往有明确的分工，既有联系人，也有"放风"者，用一

---

① 参见上官丕亮、余文斌：《社会抚养费行政处罚论之批判——写在我国〈人口与计划生育法〉实施十周年之际》，《法治研究》2012年第4期。

辆面包车就可以流动作案。对于前来做 B 超的群众来说，存在"感恩"心理，不愿意举报，了解这个"渠道"的人甚至认为这是"积德"的事情，也不愿意举报。其次，打击"两非"案件是由县（区）计生委"两非"办牵头，治理"两非"问题的工作人员不是公安办案人员，既没有足够的精力和技能，也没有相应的执法权。法律条款的缺失，加大了查处工作的难度，办案手段渐显弱化。

（六）计划生育行政主体发生变化，法律与实际脱节

2013 年卫生部与人口和计划生育委员会合并后，成立了卫生和计划生育委员会。这一机构变化，与《人口与计划生育法》制定时计划生育部门是计划生育行政主体、卫生部门属于协助部门的情况大不一样了。这一改革，有利于整合计划生育资源，避免了以往存在的这两个部门之间推诿、扯皮的现象，但却出现了法律规定的行政主体与实际工作中行政主体不一致的问题。为确保法律执行通畅，应及时根据实际情况做出调整。

三、调整完善人口与计划生育法规
政策的指导思想、原则与方向

人口与计划生育法规政策的调整完善应当确立科学的指导思想，坚持以人为本、权利均等、政府尽责、群众自治的基本原

则，明确修订的基本目标，选择正确的修订方向。

（一）指导思想

人口与计划生育法规政策的调整完善应当遵循的指导思想是：全面推进依法治国，坚持计划生育基本国策，服务于人口均衡发展和经济社会可持续发展；把计划生育作为利国利民、关涉广大群众福祉的事业，努力构建福利计生，增强家庭发展能力，尤其要关注和保障计划生育特殊家庭的利益；把群众当作计划生育的主人，充分发挥群众在计划生育中的主体作用；明确计划生育工作人员的责权利关系，重塑计划生育干部的社会形象；推进以村（居）为主的工作重心转移，重视并加强计生协会等群众组织的作用；全面总结实行计划生育以来尤其是《人口与计划生育法》实施以来计划生育领域取得的成就与经验，并体现和反映在人口与计划生育法规政策的调整完善过程之中。

（二）基本原则

人口与计划生育法规政策的调整完善应当遵循的原则主要有以下四点。

1. 以人为本

坚持以人为本，实行计划生育避孕措施"知情选择"，允许育龄夫妇根据自己的身体状况选择安全、有效、适宜的避孕措施，保障育龄群众的生殖健康，满足广大群众对计划生育优质服务和优生优育等方面的需求；正确处理服务与管理的关系，努力实现寓管理于服务之中，把服务群众作为计划生育工作的重要出发点，通过优质服务赢得群众的支持和参与；尊重和保障法律赋予公民的权利，尤其要进一步完善"三项制度"，落实好各项奖励扶助政策，使计划生育家庭得到更多的实惠；注重完善家庭功能，促进家庭发展能力提升和人的全面发展。

2. 权利均等

在人口与计划生育法规政策调整完善过程中，应当尊重和保障法律赋予公民的生育权利，并且把生育权利均等化作为一项重要原则，取消生育数量限制的城乡差异，在此基础上，逐步改变地区有别、民族有别的差异性生育调节规定，以体现法律面前人人平等的原则。与此相适应，在奖励扶助方面，也要体现国策地位，以国家财政保障奖励扶助政策的落实，尽量在较高层面上（如省级）规定统一标准，以避免因地区性计划生育奖励扶助额度差距过大造成的相互攀比和扶助对象抱怨、不满等问题；取消单位承担计划生育奖励的规定，解决因没有工作单位和单位性质不同造成的计划生育奖励扶助差异过大的问题，充分体现社会公平和计划生育的国策地位。

3. 政府尽责

计划生育是我国的基本国策，各级政府负有做好人口和计划生育工作的责任。计划生育是社会系统工程，需要采取综合治理的方式。为此，应当建立健全人口和计划生育工作领导小组，加强对人口和计划生育工作的组织领导；协调生育政策与各类社会经济福利政策的配套衔接，保证生育政策平稳过渡和有序运行；

强化部门协调，明确相关部门职责，各相关部门要主动承担起应负的责任，全力配合计划生育工作，形成党政负责、卫计部门主抓、相关部门协同的综合治理工作机制。政府尽责不等于政府包揽计划生育事务，许多事项，例如计划生育服务完全可以通过政府购买服务的形式实现。

4. 群众自治

计划生育涉及千家万户，是一项群众性极强的社会工作。因此，在人口与计划生育法规政策调整完善过程中，应当充分体现尊重群众主体地位，以及相信群众、依靠群众，动员群众参与，充分调动群众积极性和主动性的原则，注重发挥群众在计划生育中的主体作用，高度重视计划生育领域的群众参与，大力推进计划生育村（居）民自治和以村（居）为主的工作重心转移。

计划生育协会作为我国最大的群众团体，是动员、引导、帮助群众实行计划生育，维护育龄群众计划生育权益的群众性组织，不仅在组织志愿者行动、开展生殖健康教育、组织专业技术培训、改善妇女地位、关注青少年健康、关爱女童教育、推进民主参与和民主监督、提供公益服务项目等方面具有政府组织不可替代的作用，而且还是促进人口和计划生育领域的国际合作、向国外宣传我国计划生育政策和伟大成就的重要窗口。因此，在人口与计划生育法规政策调整完善过程中，必须高度重视计划生育协会在计划生育工作中的作用。政府通过购买服务等形式向计划生育协会"赋权"，使计划生育协会在工作中不断"增能"，通过"增能"扩大其作用空间，承担更多的具体服务事务，真正发挥其在党和政府与群众之间的桥梁和纽带作用，帮助和指导群众实行计划生育，更好地体现群众工作的特点。

（三）基本目标与主要方向

1. 基本目标

坚持计划生育基本国策地位不动摇，提倡一对夫妻生育两个子女，允许和鼓励群众在法规政策框架内自主安排生育行为，统筹解决人口问题，促进人口均衡发展，为经济社会协调与可持续发展创造良好的人口环境。

2. 主要方向

（1）从国家主导向家庭计划转变。多年来，我国在计划生育工作中，重视国家层面的需求和计划，较少关注家庭的需求和利益。在未来的计划生育工作中，应当尊重育龄夫妇的生育权利和在有计划安排生育行为方面的主体地位，国家支持育龄夫妇根据家庭及个人情况，在法律框架内有计划地安排生育，即逐步转向家庭计划。这一转变，既适应了群众生育意愿的变化，也与国际社会的家庭计划相一致，可以说是回归到了家庭计划的本意。要实现这一转变，首先需要淡化国家人口规划对家庭生育计划的直接冲击，国家人口发展规划要设定一定的弹性。减少国家层面的行政干预，把重点放在做好政策法规建设和利益导向制度建设，从技术服务和社会保障等方面支持家庭有计划地安排生育上。因此，长期以来实行的计划生育目标管理责任制及考核制度应当进行重大改革。

（2）从行政约束为主向增进福利转变。计划生育是造福于民的事业，人民群众通过计划生育理应享有更多的福利。在未来的计划生育工作中，应尽量减少行政部门的直接干预，主要依靠社会经济政策和福利政策，引导和规范群众的生育行为。计划生育奖励扶助政策，要重视和加强利益导向政策体系建设，对实行计划生育的家庭和夫妇，在生育假、生育补助、养老保障、医疗保障等方面给予倾斜，明确奖励或补助的范围和标准，建立根据经济发展水平动态调整计划生育奖励扶助标准的机制，使计划生育家庭能够在经济上得到实惠，分享经济社会进步的成果，使利益导向机制真正起到引导群众实行计划生育的作用。

（3）从管理为主向优质服务转变。在未来的计划生育工作中，要改变以往以管理为主、把育龄群众视为工作对象的做法，把群众当作计划生育的主人，从相信群众和方便群众出发，尽量减少强制性直接干预，减少不必要的麻烦，如减少手续办理、简化审批程序等，努力发展公共服务，推进计划生育公共服务均等化，使群众能够方便地得到计划生育优质服务，尤其要解决好流动人口计划生育服务问题；通过发展公共服务，为计划生育夫妇提供更多的优质服务和各种便利，依靠打好"服务牌"，赢得群众的理解和支持。

（4）从行政机构为主向计生协会为主转变。生育是家庭的功能，计划生育是群众性极强的工作，由计划生育行政机构承担送套送药等具体事务是一种不得已的选择。随着政府转变职能、简政放权以及购买服务等不断发展，在未来的工作中，应当强化计划生育协会的作用，由计划生育协会承担更多的具体服务事务。这样做有两大好处：一是群众的计划生育工作由群众团体来做顺理成章，能更好地体现群众工作特点；二是便于与国际接轨，使之逐步向家庭生育计划过渡，回归家庭生育计划的本意。当然，计划生育协会要承担更多、更大的责任，需要政府赋权和自我增能，加强计划生育协会的能力建设。

第 二 章

人口计生管理机制体制及政策体系研究

　　为了适应我国现阶段社会管理改革形势，进一步贯彻实施计划生育基本国策，本章将结合国家《人口与计划生育法》和各省份《人口与计划生育条例》，围绕人口计生总体工作目标，研究当前人口计生管理机制体制及其运行过程中的制约因素，剖析人口计生管理及其发展趋势，提出健全和完善相关制度和政策体系的对策建议。

一、人口计生管理机制体制现状

　　建立健全人口计生管理机制是做好人口计生工作的基础，在当前社会经济环境下，需要继续加强计划生育管理工作，并重点突出领导管理体制、优质服务机制、财政投入机制、利益导向机制以及工作考核机制在管理中的作用，为进一步完善人口计生管理政策体系奠定基础。

（一）领导管理体制

1. 组织协调机制有效运转

领导重视和组织有力是有效开展计划生育工作的重要前提。近年来，在全国范围内基本形成了自上而下的组织领导机构，各级政府均成立了由主要领导任组长、相关部门负责人为成员的计划生育领导小组，重点协调人口和计划生育重大问题，建立了相应的工作奖惩机制和计划生育"一票否决制"。在人口计生管理工作中，各地基本实施了"一把手"工程，建立了联席会议制度和工作协调机制，并使之经常化、制度化。例如，安徽省为了提高主要领导对计划生育工作重视程度，制定了专项工作制度和具体实施方案，对组织领导不力和重视程度不够的主要领导和分管领导给予相应处理，形成了全省重视计划生育宣传教育和政策落实的良好氛围。

2. 区域联动机制初步形成

由于经济条件和社会发展水平不一，各地计划生育工作基础存在较大差异，再加上全国流动人口达到2.6亿人，大规模的流动人口使得计划生育管理难度陡然增大。面对复杂的人口形势，计划生育部门难以独自承担繁重的管理服务任务，需要多地、多部门相互支持和协同配合。近年来，各级政府相继成立了综合治理领导小组，主要采取法律、教育、经济、行政等手段，综合治理人口问题。尤其是在出生性别比偏高问题综合治理工作中，行政区划交界地区成为"两非"违法行为频发地带，针对这一特点，湖北、河南、江西、安徽、山东、江苏等省份积极开展区域协作，形成了鄂豫赣皖和苏鲁豫皖两大出生人口性别比综合治理协作区；湖北省分别与福建、湖南和广东省签订流动人口计生服务管理合作协议，建立了湘鄂两省七地人口计生协作区，重点加强区划交界地区的人口计生管理，加大联合办案力度，有效查处跨区域"两非"案件。

3. 部门协同机制有所加强

按照政府部门职责分工和业务特点，明确政府相关部门职责，建立部门协同配合机制，共同促进计划生育政策落实。通过加强部门联动，建立健全人口计生宣传、流动人口服务管理、违法生育查处、出生人口性别比偏高问题治理、人口计生信息共享等方面联动机制，使得各级党委政府能够更加积极主动地支持开展计划生育工作，初步形成了人口计生工作齐抓共管的格局，确保人口计生政策得到有效落实。陕西省成立了由16个相关部门和人口专家组成的人口计生工作领导小组，2009年重新修订了各相关部门的工作职责和考核办法，成立了联合办案、联合执法的办事机构；江西省在各市、县成立了综合治理出生人口性别比偏高工作领导小组，从纪检、公安、人口计生、卫生、药监等部门抽调精干人员，成立综合治理办公室，集中办公，联合执法。

4. 行政管理体制逐渐明确

在加强人口计生宣传教育基础上，国家着力解决人口发展重点难点问题，明确了计划生育部门的主要职责和工作制度：一是做好育龄妇女"双查"工作，准确掌握本地区育龄人群的婚育和节育措施落实情况，有效控制政策外生育；二是做好育龄妇女生殖健康保健和咨询服务，落实政府对计划生育家庭的优惠奖励政策，及时办理独生子女保险，按时发放独生子女保健费，认真解答群众对现行生育政策的疑问和咨询，为符合政策的已孕妇女做好孕期保健服务，为育龄群众提供优质服务；三是加强全员人口信息采集和维护工作，认真核对辖区人口数据，及时更新人口信息，准确掌握结婚、怀孕、生育、节育、迁入、迁出等基本信息，做到人变档变、档随人走、人档一致，做好人口信息统计和上报工作。例如，安徽省完善"以村为主"的工作机制，发挥村级组织的积极性和主动性，以随访服务为先导，实现基层计划生育服务管理程序化、经常化；江西省根据自身实际，普及使用出生实名登记软件系统，并与自主开发的"出生实名信息网络管理系统"相结合，实现了出生实名登记的网络化管理和服务。

（二）优质服务机制

1.服务理念发生根本转变

面对当前计划生育工作新形势，需要不断创新工作方式和服务理念。近年来，在计划生育工作实践中逐步建立起"寓管理于服务之中"的工作理念，明确"以人为本，从育龄群众需求出发，坚持稳定低生育水平与满足群众需求相统一"的计划生育工作指导思想，根据群众需求，有针对性地开展服务；在考核评估工作中，让群众评头论足，将群众满意率作为评价工作质量的重要指标。将群众需求贯穿于优质服务全过程，使全体计生工作人员牢固树立"一切从实际出发，一切从群众需求出发"的服务理念，使育龄群众真正享受到计划生育优质服务，激发了群众参与计划生育事务的积极性。例如，河北省开展了"关怀关爱"活动，注重细化服务项目，以情动人，对转变群众生育观念收到了显著效果；贵州省制定"五步工作法"，建立孕产期全程服务体系，基本实现了服务过程的规范化、简洁化和可操作化。

2. 运营方式逐步实现市场化

在计划生育服务中引入市场机制，通过政府购买服务，吸引社会力量参与计划生育服务工作，破解计划生育服务难题，注重提升政府购买计划生育服务的社会效益。在计划生育实践中，逐步实现服务主体由计划生育技术队伍单一化向社会参与主体多元化转变，调动定点社区卫生服务中心（站）为广大育龄群众服务的积极性，合理配置公共卫生资源，有效解决社区计划生育机构少、人员少、经费不足和服务不到位等问题。无论社区居民还是外地流入人口，只需办理简单手续，即可方便地得到社区卫生服务中心的服务。政府以较少的投入，获得了最大的经济社会效益，有效降低了公共服务成本。2015年1月，国家财政部、民政部、国家工商总局联合发布的《政府购买服务管理办法（暂行）》提出，各级财政部门负责制定本级政府购买服务指导性目录，涵盖公共教育、社会保险、社会救助、养老服务、残疾人服务、医疗卫生、人口和计划生育等领域，凡是适宜由社会力量承担的基本公共服务事项，均将其纳入指导性目录，有效推动计划生育服务运营方式向市场化转变。

3. 服务人员素质显著提高

按照"思想好、作风正、懂业务、会管理、善于做群众工作"的要求，加强计划生育队伍建设，提高计生工作人员素质，打造"业务精，服务好、工作实"的专业服务队伍。在计生服务队伍建设中，注重抓好"三个强化"：一是强化教育培训，提高业务水平，培训内容包括宣传教育、奖励扶助、生殖健康、优质服务、依法行政等，全面提升服务人员业务素质和综合能力；二是强化服务意识，打造阳光计生，结合党的群众路线教育实践活动，组织学习计划生育法律法规和优质服务知识，在计生专干队伍中形成"比学赶超，争做人民好公仆"的良好风气，有效提升了计生工作人员的整体服务能力；三是强化内部管理，增强敬业精神，健全完善内部管理制度，增强工作人员的责任感和荣誉感，真正做到"能服务、会服务、服好务"，努力提高群众满意度，有效提升了计划生育服务质量。

4. 服务队伍开始走向职业化

加强职业化和专业化建设是建立与新形势下计生服务与管理工作相配套的基层计生队伍的必由之路。首先是构建规范的职业化管理体系，吸引有专业特长和具备良好沟通能力、组织协调能力的人才加入到计生工作队伍中，建立相应的选拔激励机制，在解除其后顾之忧的同时，努力提高他们的社会地位；其次是完善专业化、职业化培训体系，坚持普遍提高和重点培养相结合，对基层计生工作者实行分级培训，注重抓好新入职计生工作人员的岗前培训，同时加强在岗人员的在职培训，并对暂时离岗人员开展脱岗培训，组织技术线、统计线、政策线、宣传线人员开展专题培训，对已经通过或者需要进行职业资格认定的人员开展职业资格相关培训，有效提升计生工作人员职业化水平；最后是构建正确的职业价值体系，摆正位置，放下身段，切实与群众沟通交流，踏踏实实为群众服务，树立计生队伍良好形象，在群众认同中实现自身职业价值。

（三）财政投入机制

1. 计划生育事业费增长机制初步形成

公共投入是人口和计划生育事业保稳定、促发展的重要基础。《中共中央国务院关于全面加强人口和计划生育工作统筹解决人口问题的决定》明确要求，建立稳定增长的投入保障机制，人口和计划生育财政投入增长幅度要高于经常性财政收入增长幅度，确保法律法规规定的各项奖励优惠政策、县乡人口和计划生育技术服务机构基本建设和队伍建设、计划生育经常性工作、计划生育免费基本技术服务等经费的落实。在经费保障方面，主要开展了三个方面的工作：一是各级财政逐年增加投入，将社会抚养费、乡（镇）统筹费纳入财政预算；二是积极运用市场机制，鼓励企业、社会团体和个人支持人口和计划生育事业发展，采取建立基金、开发新险种等方式，吸引社会资金；三是严格资金管理，强化计划生育"收支两条线"，加强监督检查，严肃查处在奖励优惠资金发放和社会抚养费征收、管理、使用中的违纪违法行为，有效堵塞漏洞，提高资金使用效率。

　　2. 社会抚养费征收管理条例酝酿出台

　　《社会抚养费征收管理办法》在规范社会抚养费征收管理、落实计划生育基本国策、稳定低生育水平和维护群众合法权益方面发挥了重要作用。全国30个省份先后对本省社会抚养费征收管理规定进行了修改完善，明确社会抚养费具体征收对象、征收标准和征缴方式。实践证明，《社会抚养费征收管理办法》设立的主要制度及规定的主要原则，总体上是科学可行的，但随着计划生育工作不断推进，社会抚养费征收管理面临着一些困难和问题，迫切需要对社会抚养费征收管理办法进行修改和完善。2014年12月，《社会抚养费征收管理条例（送审稿）》公开征求意见，预示着《社会抚养费征收管理条例》即将出台，新的管理条例将主要关注六个方面：一是明确界定征收对象，缩小征收范围；二是统一征收标准，限制自由裁量权；三是规范征收主体，限制委托征收权限；四是明确征收程序，规范征收行为；五是落实"收支两条线"，确保全额上缴国库；六是提高征收管理透明度，主动接受社会监督。此外，还对流动人口社会抚养费征收主体做出调整，明确了各部门在职责范围内配合做好社会抚养费征收工作的相关责任。

（四）利益导向机制

1. 经济激励措施基本到位

建立和完善计划生育利益导向机制是保障计划生育政策顺利实施的重要举措。健全计划生育利益导向机制是一项系统工程，建立覆盖社会全体成员的计划生育利益导向政策体系是其核心内容，其奖励标准应与整个社会经济发展水平相适应，并且从实际出发，根据财政承受能力，尽量提高计划生育奖励标准，使其对广大群众和计划生育家庭产生更大的吸引力。同时，还需要适应形势发展，打破城乡二元结构，淡化单位主体作用，不分农村居民和城镇居民、单位人和社会人，均能享受计划生育奖励扶助政策。例如，广西壮族自治区各级政府制定和完善了一系列惠及计划生育女孩户的奖励扶助制度，从生产、生活、就业、救助等方面对计划生育独女户和二女户进行政策扶助；四川省实施幸福工程、安身工程，开展圆梦行动、春蕾行动等多项社会活动，为计划生育女孩户新建住房，开展捐资助学，提高计划生育女孩户家庭发展能力。

2. 社会保障体系逐步健全

我国养老保障体系尚不健全，依靠子女养老仍是农村老人的主要养老方式。针对当前人口发展形势，需要加快建立计划生育家庭养老保障机制。调查发现，农村群众生育意愿高于生育数量调节政策的主要原因是农村老有所养问题没有得到根本解决。当前，国家实施的农村计划生育家庭奖励扶助制度，为建立农村计划生育养老保障体系探索出了一条新路。国家已经在全国开展新型农村养老保险制度试点，这对健全社会保障体系是一个重要机遇。如能抓住这个有利机遇，优先把农村计划生育家庭纳入试点人群范围，并在经济发展水平比较高的省份减免农村计划生育家庭个人缴费部分，提高养老保险保障水平，彻底解决农村计划生育家庭的养老之忧，将会对完善计划生育奖励保障体系乃至计划生育政策的顺利实施起到重要作用。

（五）工作考核机制

1. "一票否决制"进一步明确

计划生育"一票否决制"① 是一项完善人口和计划生育目标管理责任制、促进人口与经济、社会、资源、环境协调发展的重要制度。根据《人口与计划生育法》和各省份《人口与计划生育条例》，各地均制定了相应的具体实施办法。"一票否决制"在全国各地得到广泛推行，切实保障了计划生育工作的有效推进。2013年实行的国务院机构改革和职能转变方案，进一步明确了"三个不变"：一是坚持计划生育基本国策不变，二是党政一把手亲自抓、负总责不变，三是计划生育"一票否决制"不变。"三个不变"从制度和机制上保证了计划生育工作只能加强，不能削弱。"一票否决制"明确了具体的专项工作谁来抓、抓什么、怎么抓、

---

① 计划生育"一票否决制"，指的是计划生育工作不达标（即考核不合格）的地方，主要领导不能提拔、不能晋级、不能评优，单位亦不能评优的制度。其实，这一制度在国家文件中并未出现过，只是在一些领导讲话中提到过，在各地的实际工作中很多都是这样执行的。

抓不好怎么办等一系列问题，是促进各级、各部门及领导干部抓落实的有效机制，是确保政令畅通的有效办法，在计划生育实践尤其是计划生育工作开展初期，"一票否决制"的实施在促使政府主要领导高度重视计划生育工作中发挥了重要作用，确保了人口数量控制等人口计生工作的顺利开展。

2. 奖惩机制逐渐有章可循

计划生育工作奖惩机制的核心是，对在人口与计划生育工作中做出显著成绩的组织和个人给予奖励，对不利于计划生育工作开展的组织和个人给予惩罚。各级人民政府加强计划生育奖励优惠政策落实，对按政策生育的家庭和个人，人口计生、国土资源、教育、民政、卫生、妇联、劳动和社会保障、住建等部门制定了相应的优惠政策，各级人民政府从社会抚养费和计划生育事业费中设立人口与计划生育奖励专项经费，列入同级财政预算。同时，还将奖励优惠政策落实到位情况纳入人口与计划生育目标管理责任制，实行年度目标管理考核。对执行中出现重人问题、造成社会负面影响的，追究主要领导及相关部门的责任，实行"一票否决制"。县级以上各级政府每年都要组织人口计生、纪检、监察、财政、审计部门，对奖励优惠政策落实情况进行监督检查。村（居）委会和单位将奖励政策、奖励对象、奖励标准以及奖励经费发放情况张榜公布，接受群众监督。

二、人口计生管理机制体制存在的主要问题

在三十多年的实践中，人口计生部门在宣传教育、优质服务、依法行政等方面做了大量工作，结合各地社会条件和人口形势，对计划生育管理机制改革进行了有益尝试，使计生工作逐步从管理型向服务型转变，从行政、经济强制向经济利益导向转变，由"土政策"向依法行政转变，创新发展，成绩斐然。但是，人口计生管理机制体制仍然存在一些问题。随着社会发展和人口形势变化，《人口与计划生育法》部分条文和法律规定不能适应社会实践要求的问题将逐渐显露出来，需要不断进行调整和完善。

（一）在领导机制上，领导责任和管理目标不够明确

《人口与计划生育法》第五条规定："国务院领导全国的人口与计划生育工作。地方各级人民政府领导本行政区域内的人口与计划生育工作。"本条是关于人口与计划生育工作领导机关的规定。这项规定主要表达了两点内涵：一是要求各级政府要把做好人口与计划生育工作摆到可持续发展战略的首要位置，坚持一把手亲自抓、负总责，协调制定符合本地区实际的人口与计划生育工作计划，并组织各方力量抓好落实，切实做到责任到人、措施具体、投入到位。二是对政府领导和计划生育部门分别进行责任

考核，落实"一票否决制"，将领导干部落实计划生育责任制的情况作为衡量政绩、选拔和奖惩的重要依据，任期内逐年考核，离任时进行复核。但是，在实际考核工作中，一些地方政府在对下级进行政绩考核时，没有抓住重点，只注重对统计结果的考核，缺乏对管理过程和服务质量的考核，这是导致人口计生数据存在"水分"的重要原因。因此，在各级政府成立计划生育领导小组的同时，还需要在法条中对领导机制、领导责任和管理目标做出明确规定。需要指出的是，"一票否决制"易于导致造假问题。因为在"一票否决制"的强大压力下，当现有条件和能力无法完成"一票否决"的指标时，各级各部门及其领导干部的第一反应便是寻求自保的办法，从而便出现了隐瞒问题、报喜不报忧等现象。比如，当出生性别比完不成下降指标时，为了免于"一票否决制"的处理，往往会对出生人口数据进行造假，人为地修改出生性别比数据，造成出生性别比假性正常，从而严重干扰国家相关政策的制定和实施。更有其者，在生育数量控制方面，一些地方有关部门不仅在统计数据上造假，甚至还让育龄妇女配合其造假。因此，如何让"一票否决制"科学合理地实施，并发挥其最大功效，是一个值得认真探讨的重大问题。

（二）在管理体制上，未涉及基层计生组织建设

《人口与计划生育法》第六条规定："国务院计划生育行政部门负责全国计划生育工作和与计划生育有关的人口工作。县级以上地方各级人民政府计划生育行政部门负责本行政区域内的计

划生育工作和与计划生育有关的人口工作。"县级以上人民政府计划生育行政部门的主要职责是：贯彻执行党中央、国务院制定的计划生育方针、政策、法律、法规，根据国家编制的人口规划和人口计划拟定并确保完成本地人口发展规划和人口计划，制定并实施人口与计划生育方案，加强基层基础工作和管理服务网络建设，开展经常性的宣传教育、综合服务和科学管理工作。在具体工作实践中，不仅县级以上地方政府需要设置计划生育行政部门，乡、民族乡、镇人民政府和城市街道也需要设立计划生育工作机构，配备计划生育助理员。但是，在《人口与计划生育法》中多次提及县级以上地方各级人民政府，却并未提及基层计划生育机构的设置问题，而恰恰是乡镇（街道）计生工作者是计划生育政策具体实施过程中的"最后一公里"。因此，需要从法律条文中对基层计划生育机构及其管理服务人员给予明确的定位。

另外，在工作实践中没有充分发挥群众组织的作用。计划生育协会是我国会员人数最多的群众性组织，在促进基层信息传播、推进社区经济发展以及参与民主监督工作中，发挥着重要作用。宣传教育是各级计生协会的工作重点，基层协会利用"会员之家""人口学校"，根据不同年龄群众的需求，分别讲授青春期、新婚期、孕产期、母乳喂养和更年期等科学知识，内容包括生殖健康、卫生保健、避孕方法、晚婚晚育、优生优育等。然而，在人口计生管理实践中，计划生育协会在人口计划生育工作中的作用并未得到应有的发挥，在一些地方甚至被忽略，工会、共青团、妇联等社会团体的作用亦有待进一步发挥，企业事业组织和民办非营利机构对人民政府开展人口计生工作的协助作用往往仅体现在奖励扶助和社会抚养费征收方面，在宣传动员、信息提供等方面的作用尚未引起足够重视。

（三）在协调机制上，缺乏明确的区域协调机制

《人口与计划生育法》第六条、第七条分别对国务院和县级以上地方各级人民政府有关部门在人口与计划生育工作中的职责分工，以及社会团体、企业事业组织和公民应当协助人民政府开展人口与计划生育工作的事项做出规定。计划生育部门难以独家承担监督管理职责，这就需要政府相关部门的支持和配合，有必要规定县级以上各级人民政府其他相关部门在各自职责范围内负责相应的人口与计划生育工作。计划生育行政部门会同有关部门共同做好人口素质提升和出生人口性别比升高问题综合治理工作；参与人口理论研究、人口统计数据分析以及人口发展综合性、前瞻性研究，参与拟订人口发展规划，参与妇女儿童、老龄工作以及社会保障工作，参与人口流动、城镇化综合治理；配合做好有关出生缺陷干预、生殖道感染、性病、艾滋病防治等工作。工会、共青团、妇联及计生协等社会团体、企业事业组织在做好本单位本系统计划生育工作的同时，还应当结合自身特点，协助人民政府开展人口与计划生育工作，帮助群众自觉实行计划生育。但是，在人口管理实践中，随着流动人口在全国范围内大规模流动，流出地和流入地的管理服务衔接问题以及相邻行政区域交界地区的人口计划生育管理问题更加凸显，当前综合治理配

套政策尚不健全，相关协调机制难以落实到位，抑制了综合治理工作的整体推进和实际效果。尽管部分省份之间建立了省际协作机制，但这仅仅是区域性的，尚未形成全国"一盘棋"的治理格局，不能在全国范围内形成打击违法生育行为的计生执法网络。尤其在流动人口管理方面，现居住地和户籍地职责范围和管理权限界定不清，存在推诿扯皮现象，迫切需要从法律上建立和完善区域间协调配合机制的具体方案。

（四）在奖惩机制上，缺少必要的惩罚手段

《人口与计划生育法》第八条是关于国家对在人口与计划生育工作中做出显著成绩的组织和个人给予奖励的规定。目前，我国人口与计划生育工作面临的形势异常复杂，人口数量、人口结构、人口素质和人口分布问题同时存在，计划生育工作难度依然很大，国家应当加大针对人口与计划生育先进单位和优秀工作者的奖励力度，充分调动和激发人口与计划生育工作者的积极性。对于在人口与计划生育工作中做出显著成绩的组织和个人，由国务院和地方各级人民政府给予精神上和物质上的奖励，这是国家关心爱护干部、确保计划生育机构稳定的具体表现。从管理学角度而言，奖励与惩罚应该并存，缺一不可，这就要求不仅对在人口与计划生育工作中做出显著成绩的组织和个人给予奖励，还需明确对执行不力的单位和个人给予惩罚，做到奖罚分明。只有建立科学合理、具有较强可操作性的奖惩机制，才能避免政府和有关部门的不作为，从而有效促进人口计生工作的健康发展。在对

违法生育者的惩罚上，由于法律规定过于宽泛、缺乏操作性，导致计划生育行政部门的自由裁量权过大，征收与否的决定和征收数额存在较大的随意性，甚至存在凭关系、讲人情、同类情况标准不一等现象，社会抚养费的征收和去向饱受争议。在社会抚养费征收上，各地标准不同，导致部分育龄群众通过选择二胎出生地而少交社会抚养费。另外，在执法实践中，还存在群众对执法部门调查取证不配合现象，甚至编理由、提条件、讲价钱，有意拖欠或逃避，导致征收工作调查难、取证难、执行难。在社会抚养费使用上，尽管《社会抚养费征收管理办法》明确规定，社会抚养费及滞纳金应当全部上缴国库，按照国务院财政部门的规定纳入地方财政预算管理，但具体执行中缺乏信息公开机制，使得人们对社会抚养费去向提出质疑，相关问题饱受争议。

三、人口计生管理机制体制改革与完善的建议

近年来，在全国层面上逐渐建立健全了人口计生管理机制体制，对于加强人口计生管理服务工作发挥了重要作用。但不容忽视的是，人口计生管理机制体制中仍存在一些问题，有待于在以后的工作中进一步转变管理服务理念，有效提升管理服务水平。以此为基础，从管理机制角度出发，就人口与计划生育法规政策中有关管理机制体制的调整完善问题提出以下建议。

（一）进一步健全人口管理目标

《人口与计划生育法》中规定的人口管理目标适应了当时的人口形势，与五届全国人大四次会议通过的《政府工作报告》提出的"限制人口的数量，提高人口的素质"的人口政策的提法相一致。为了反映和适应当前及未来一个时期的人口形势，在未来的政策调整与完善工作中，需要变"控制人口数量"为"调控人口数量"，这样的修改，并非文字游戏，而是强调人口数量变化中的动态调整并不仅仅是控制数量，这就使具体工作目标有了弹性，也与"普遍二孩"相一致；再就是增加"优化人口结构，促进人口长期均衡发展"的内容，以适应解决日益突出的人口结构性矛盾、促进人口长期均衡发展的形势。近年来，一些文件中还提到"人口合理布局"的问题，实际上，"人口合理布局"就是要解决人口区域结构不合理的问题，已经内在地包含在了"优化人口结构"之中。

（二）在管理体制上加强基层组织建设

基层组织承担着具体落实人口与计划生育政策、动员和组织群众实行计划生育的重要任务。因此，应当在继续强调健全县级以上人口与计划生育工作领导体制机制的基础上，着重推进基层组织建设，努力增强基层组织服务能力，重点解决好基层组织薄弱、服务管理能力不强、"最后一公里"不通畅的问题。因此，建议完善计划生育服务工作链条。在卫生和计生部门合并的背景下，不仅不能放松基层的计划生育服务管理工作，而且还应强调在乡镇、街道设立计划生育办公室和计划生育专干，负责辖区内的人口与计划生育工作，并且还必须明确职责范围和奖惩办法。

计划生育管理体制，在《人口与计划生育法》中只讲了县级以上，即使增加上述内容，这个链条依然不完整，仍然缺乏最基层的组织，而最基层的组织才是直接与群众接触最多，管理最有效的组织，所以，还应当进一步加强基层组织建设，强调"村民委员会、居民委员会应当依法做好计划生育工作，积极推进计划生育村（居）民自治"。

（三）重视群众团体的辅助作用

要实现计划生育由国家主导和行政推动为主向家庭计划和群众自治为主的转变，需要支持和培育群众团体尤其是计划生育协会的发展，通过向群众团体尤其是计划生育协会赋权，使其增能，逐渐承担起越来越多的计划生育具体服务项目。为此，应当鼓励各级计划生育协会在业务范围内积极参与计划生育工作，充分利用计划生育协会组织健全、队伍庞大、群众基础好的优势，使其在实际工作中发挥更大的作用。

（四）区域协调机制从"自上而下"转变为"自下而上"

相关部门是政府责任执行主体，在"一票否决制"下，各部门能够严格按照主要领导的要求配合计划生育部门做好各项管理服务工作，这可以称之为计划生育网络的"纲"，是计划生育工作得以有效开展的基础。与之相对应，计划生育网络建设的效果还取决于区域之间的协调配合情况，这可以称之为计划生育网络的"结"，在省份之间、地区之间形成区域协调配合局面是计划生育管理服务网络得以有效运行的关键。目前的区域协调机制是上级政府主导协调的结果，是自上而下的部署和安排，下级政府对区域协调的重要性缺乏深刻认识，务虚成分偏大，很难真正将协调配合政策落实到位，这就需要从基层计生工作实际需要出发，自下而上地建立区域协调机制。以流动人口计划生育工作为例，可将流动人口管理服务作为突破口，明确流出地和流入地的权利和责任，建立覆盖全体公民的出生实名登记系统，待时机成熟后，可考虑在全国范围内互通、互联，准确掌握户籍人口和流动人口出生信息，针对各行政单位交界区域、城乡结合部、"都市村庄"等计划生育管理薄弱部位，健全区域合作机制，真正实现综合治理、联合执法。

第 三 章

人口发展规划制定与实施内容研究

　　《人口与计划生育法》的颁布，使我国的计划生育工作走上了依法治理的道路。在人口发展规划的制定和实施下，计划生育工作的部门协调机制、经费保障机制、法律执行机制、管理考核机制逐步得到完善，有效保障了计划生育工作的开展。计划生育工作既是解决人口问题的重要途径，也是制定人口发展规划的重要内容，直接关系到人口与经济、社会的协调发展。优质的计划生育服务、科学的计划生育管理机制是经济发展、社会和谐的保证。而实现这一目标，需要着眼于人口与经济、社会的可持续发展，关注人口总量、人口结构、人口素质和人口分布的动态变化，相关法律法规也应适时进行调整与完善。

一、研究背景

目前，我国面临着经济社会发展、人口发展和计划生育工作的新形势，人口环境和经济社会发展环境正在发生显著变化。为适应这些变化，在人口与计划生育法规政策调整与完善中，进一步强调人口发展规划的重要性、提高人口发展规划的法律地位，显得尤为重要。

（一）人口和计划生育工作不断转型升级

党的十八届二中全会决定对卫生和计划生育部门进行整合，2013 年《中共中央国务院关于调整完善生育政策的意见》对全面做好新时期计划生育工作做出了部署。中央多次强调，在机构改革和调整完善生育政策工作中，计划生育工作只能加强，不能削弱。为贯彻落实党的十八大和十八届二中、三中全会以及中央 15 号文件精神，国家卫生计生委研究制定了《关于加强计划生育基层基础工作的指导意见》，要求加快推进计划生育治理体系和治理能力现代化，全面提高基层计划生育服务管理水平。卫生部和人口计生委合并后成立的国家卫生和计划生育委员会，整合了卫生计生资源，提高了公共服务资源利用率，把计划生育的工作重点由过去的"四术"为主转变到了以优生优育服务为主上来，有利于在孕产妇围产期保健、产后访视等方面提供更好的初级保健服务，降低新生儿和孕产妇死亡率。2015 年 10 月 29 日，党的十八届五中全会通过的《中共中央关于制定国民经济和社会发展第十三个五年规划的建议》提出："促进人口均衡发展。坚持计划生育的基本国策，完善人口发展战略。全面实施一对夫妇可生育两个孩子政策。提高生殖健康、妇幼保健、托幼等公共服务水平。帮扶存在特殊困难的计划生育家庭。注重家庭发展。积极开展应对人口老龄化行动，弘扬敬老、养老、助老社会风尚，建设以居家为基础、社区为依托、机构为补充的多层次养老服务体系，推动医疗卫生和养老服务相结合，探索建立长期护理保险制度。全面放开养老服务市场，通过购买服务、股权合作等方式支持各类市场主体增加养老服务和产品供给。"[1] 这些内容既强调了人口均衡发展和人口发展战略，也提出了人口和计划生育工作转型升级的任务，有利于提高人口素质，实现人口可持续发展。这对人口和计划生育工作而言，既是一个巨大的挑战，也是一个转型升级的机遇。一个符合社会经济发展要求和人民群众根本利益的人口发展规划，将是着眼未来、造福后代、加快人口和计划生育工作转型的重要依据。

（二）长期均衡可持续发展成为人口发展规划的核心

　　20 世纪 70 年代，由于我国经济基础较为薄弱、人口增长过快、人口与资源环境的矛盾十分突出，故此实行了严格的计划生

---

[1] 《中共中央关于制定国民经济和社会发展第十三个五年规划的建议》，《人民日报》2015 年 11 月 4 日。

育政策，在《人口与计划生育法》中也明确规定了控制人口总量的目标。十几年来，我国人口出生率一直稳定在很低的水平上，人口年龄结构发生了较大变化，劳动适龄人口规模出现下降，人口老龄化程度不断加深。国家统计局的数据显示：自2012年全国15—59周岁劳动适龄人口首次出现减少以来，每年的减少数量逐步增加，导致生产性人口减少。另外，老年人口数量增加，按照国家统计局提供的数据，2014年全国65岁及以上老年人口数量已经达到13755万人，与2000年"五普"时相比，总量增加4928万人，比重从7.10%上升到10.06%，进而导致老年抚养系数由9.9%上升到13.1%。根据中国网的报告，预计到2040年，我国65岁及以上老年人口占总人口的比例将超过20%。同时，老年人口高龄化趋势也日益明显。2000—2010年间，我国80岁及以上高龄老人年平均增长率高达5.74%。2010年"六普"时80岁及以上高龄老年人口数量为2095.34，据预测2040年将增加到7400万人，2010—2040年平均增长率仍高达4.30%。人口的快速老龄化和高龄化对老年人权益保障、基本生活保障和日常照料护理提出了更高的要求。这些问题直接影响着人口的可持续发展。人口发展规划的重点急需转移到以促进人口长期均衡可持续发展、促进人口与经济、社会协调发展为核心的轨道上来。其实，政府部门对这一人口问题早有关注，从生育政策的不断调整完善就能体现出来。

（三）流动人口卫生计生服务需求增大

党的十八大和十八届三中全会明确指出："有序推进农业转移人口市民化和基本公共服务均等化。"2013 年国家卫生计生委在全国 40 个城市启动了流动人口卫生计生基本公共服务均等化试点工作，积极探索建立流动人口卫生和计划生育基本公共服务制度。《中国流动人口发展报告 2014》指出：2013 年年末，全国流动人口达 2.45 亿人，超过总人口的 1/6。流动人口总量比 2001 年《人口与计划生育法》颁布时增加了 1.24 亿人，而且还呈现出一些新的特点：一是流动人口举家迁移流动的比例增大；二是流动人口在流入地怀孕、生育的比例提高，2012 年生育的流动育龄妇女中，孕期一直生活在流入地的比例达到 57.6%，而在流入地生育的比例达到 59.2%；三是流动人口中新生代农民工比例上升，2013 年外出农民工总数为 16610 万人，其中 1980 年以后出生的新生代农民工 12528 万人，占到农民工总量的 75.42%，而新生代农民工比老一代农民工文化程度更高，也更向往大城市生活，享受城市的文明成果。与 2001 年《人口与计划生育法》颁布时相比，人口流动迁移的新变化、新特点以及流动人口计划生育服务政策已经有了较大区别，这为《人口与计划生育法》中人口规划部分的内容带来了挑战。

（四）城乡一体化进程步入新阶段

《国家新型城镇化规划（2014—2020 年）》指出：城镇化是现代化的必由之路，是保持经济持续健康发展的强大引擎，是加快产业结构转型升级的重要抓手，是解决农业、农村、农民问题的重要途径，是推动区域协调发展的有力支撑，是促进社会全面进步的必然要求。2014 年，我国有 74916 万人生活在城镇，生活在城镇的人口比重达到 54.77%，城乡人口分布格局正发生着深刻变化。按照新型城镇化发展规划，到 2020 年将有 60% 左右的人口生活在城镇，45% 左右的人口具有城镇户口，1 亿多农业转移人口和城镇常住人口在城镇落户。新型城镇化的一个显著特点就是以人的城镇化为核心，推进义务教育、就业服务、基本养老、基本医疗卫生、保障性住房等城镇基本公共服务覆盖全部常住人口，推进城乡一体化，加快户籍制度改革，使有条件的流动人口有序在城市落户定居。在快速城镇化背景下，城乡差别化的人口与计划生育政策已经出现裂口，城乡有别的计划生育政策将会逐步转向趋于统一的新阶段。

二、人口发展规划制定和实施取得显著成效

自《人口与计划生育法》实施以来，各级人民政府根据《人口与计划生育法》和人口发展规划，积极制定人口与计划生育实施方案，在保证人口与计划生育法律法规和人口发展规划全面贯彻实施方面，均取得了显著成效。

（一）人口发展规划对计划生育工作的指导性增强

人口与计划生育实施方案是指为保证人口与计划生育法律法规和人口发展规划在本行政区域内得到全面贯彻实施，依据人口发展规划制定的工作计划、目标、任务、措施、要求和方法的总称。《人口与计划生育法》实施以来，县级以上地方各级政府部门按照《人口与计划生育法》和国家人口发展规划的要求，制定人口与计划生育实施方案，并积极组织实施。计划生育方案的实施有效促进了人们婚育观念的转变和妇幼保健、优生优育、避孕节育等知识的普及。将人口发展规划纳入国民经济社会发展规划，有效促进了人口与计划生育方案的实施与教育普及、妇女地位提高、医疗卫生条件改善、妇幼保健水平提高、社会福利和社会保障体系健全和完善，对帮助贫困地区摆脱贫困也起到了重要作用。

（二）促进了人口与经济、社会的协调发展

按照《人口与计划生育法》的要求，国家制定人口发展规划，并将其纳入国民经济和社会发展计划。这就意味着计划生育工作不仅是控制人口的工作，而且是一个兼顾促进经济社会发展、引导人口合理分布、提升人口素质、合理解决人口老龄化问题的综合性工作。《人口与计划生育法》实施以来的一个显著成就，就是促进了人口与经济、社会的协调发展。

1.人口总量过快增长的势头得到有效控制

《人口与计划生育法》的颁布，有效保障了计划生育工作的

顺利推进，出生人口快速增长的势头得到有效控制，妇女总和生育率下降到较低水平。自《人口与计划生育法》颁布以来，全国掀起了学法、普法热潮，积极宣传和贯彻落实《人口与计划生育法》《社会抚养费征收管理办法》《计划生育技术服务管理条例》，各省、自治区、直辖市还及时修订了人口与计划生育条例，通过宣传教育、执法监督、优质服务和基础管理等工作的开展，人口和计划生育工作呈现出良好的发展态势。在人口和计划生育工作稳步推进下，我国人口出生率由 2000 年的 14.03‰ 下降为 2014 年的 12.37‰，相应地，人口自然增长率从 2000 年的 7.58‰ 下降到 2014 年的 5.21‰。

城乡居民的生育观念发生了较大变化。根据国家卫计委 2013 年 8—9 月在 29 个省的调查（有效问卷 63417 份），城乡居民生育意愿呈现出继续下降的趋势，20—44 岁育龄人群的平均理想子女数为 1.93 个，比 2002 年城乡居民生育意愿调查时少了 0.11 个。有关研究显示，城乡居民生育意愿与生育水平之间存在一定的差距和规律性。一般说来，在人口快速增长时期，生育意愿小于生育水平；在人口转变完成并处于相对低谷时期，生育意愿大于生育水平。目前我国城乡居民的实际生育子女数量小于意愿生育数量。

2. 人口素质得到快速提升

在提高出生人口素质方面，按照《人口与计划生育法》和《母婴保健法》的要求，全国各地普遍积极开展计划生育优质服务和生育关怀行动、婚育新风进万家活动、关爱女孩行动、新农村新家庭活动，全面推进优生优育工作。通过开展宣传倡导、健康促进、优生咨询、高危人群指导、孕前优生健康检查、均衡营养等工作，尤其是通过出生缺陷一级干预工程的实施，有效推进了出生缺陷预防关口前移，提高了生殖保健水平，降低了孕产妇死亡率和婴儿死亡率。2014 年，我国孕产妇死亡率下降到 0.217‰，比 2000 年降低了 59.06%；婴儿死亡率和 5 岁以下儿童死亡率分别下降到 8.9‰和 11.7‰，分别比 2000 年降低了 72.36% 和 70.55%，均提前实现了联合国千年发展目标。

在出生后人口素质提高方面，《人口与计划生育法》颁布后，随着我国教育改革的推进，2002 年高等教育毛入学率提高到 15%，开始进入高等教育大众化阶段。《国家中长期教育改革和发展规划纲要（2010—2020 年)》指出：到 2020 年，进一步巩固提高九年义务教育水平，努力使高中阶段教育的毛入学率达到90%，高等教育毛入学率达到 40%，扫除青壮年文盲。党的十八届三中全会通过的《中共中央关于全面深化改革若干重大问题的决定》，对"深化教育领域综合改革"进行了全面部署。2013 年，全国共有幼儿园 19.86 万所，幼儿园园长和教师共 188.51 万人，学前教育毛入园率达到 67.5%；义务教育阶段学校 26.63 万所，九年义务教育巩固率 92.3%；全国各类高等教育在校生总规模达到 3460 万人，高等教育毛入学率达到 34.5%。普通高等学校教职工 229.63 万人，专任教师 149.69 万人，普通高校生师比达到 17.53∶1。由于教育事业的快速发展，2013 年我国总人口中具有大专及以上学历的人口比重达到了 11.31%。

3.人均生产总值不断增加

我国人口再生产类型实现历史性转变，有效缓解了人口对资源环境的压力，促进了经济持续发展和社会进步，使我国在过去很长一段时间里处于"人口红利"期。20 世纪 70 年代以来，国家推行计划生育，大力控制人口增长，取得了明显成就，90 年代中期生育率下降到更替水平以下，1998 年自然增长率下降到 10‰以内。我国人口再生产已经从高出生、低死亡、高增长过渡到低出生、低死亡、低增长类型，进入低生育水平国家行列。从六次人口普查数据看，少儿人口比重下降导致少儿负担系数下降，老年人口比重上升的同时老年负担系数也在上升，同时由于少儿负担系数下降速度大于老年负担系数上升速度，总负担系数呈下降趋势。计划生育政策的实施加快了人口结构转变，劳动年龄人口的负担系数减轻了 1/2，2010 年达到了 34.2% 的最低值。由于劳动力资源丰富、社会负担较轻，我国人均 GDP 在 2013 年达到了 6629 美元，比 2000 年增长了 7 倍多，世界排名比 2000 年前移了 29 位。

4.社会保障体系日益完善

自《人口与计划生育法》实施以来，为了保障人口与经济社会的协调发展，我国对社会保障制度进行了一系列改革，逐步建立起与市场经济相适应、由中央和地方政府分级负责的社会保障体系框架。全国着力完善与社会保险、社会救助、社会福利、慈善事业相衔接的社会保障体系，不断提高城乡居民社会保障水平，形成了养老、医疗、失业、工伤和生育保险为主要内容的社会保障体系框架，为进一步推进城乡一体化和实现农村计划生育家庭的权益提供了制度保障。按照 2009 年《国务院关于开展新型农村社会养老保险试点的指导意见》，全国逐步建立了个人缴费、集体补助、政府补贴相结合的"新农保"制度，实行社会统筹与个人账户相结合，与家庭养老、土地保障、社会救助等其他社会保障政策措施相配套，有效保障了农村居民的基本生活。2011 年开始《实施〈中华人民共和国社会保险法〉若干规定》，对跨省流动就业人员的社会保险问题做出进一步规定，各省市逐步取消了农民工社会保险，将流动人口纳入流入地社会保险体系。

（三）计划生育工作步入法制化、规范化轨道

1. 逐步建立起人口与计划生育法规体系

自《人口与计划生育法》颁布实施以来，国家和各省市制定了大量相关的配套法律、法规和条例，如《社会抚养费征收管理办法》《流动人口计划生育工作条例》《人口与计划生育条例》等，再加上之前颁布的《母婴保健法》《老年人权益保障法》等，既有国家层面的法律法规，也有地方层面的条例规章，逐步形成了较为完善的法律法规和行政规章体系，为人口和计划生育工作的顺利开展提供了法律依据。

2. 基本形成政府、企事业单位、个人生育权利与义务相对等的计划生育事业费增长机制

《中共中央国务院关于加强人口与计划生育工作稳定低生育

水平的决定》指出："要把计划生育经费纳入各级政府的财政预算，切实予以保证。逐步提高人口与计划生育经费投入的总体水平，计划生育事业费增长幅度高于财政收入的增长幅度。"为了保障计划生育事业费的增长，各级政府积极运用市场机制，建立多渠道的筹资体制，鼓励企业、社会团体和个人向人口和计划生育事业投入经费。社会抚养费、乡统筹费纳入财政预算，实现了"收支两条线"管理，政府财政对计划生育事业费的投入不断增大。

3. 贫困地区和少数民族地区计划生育扶助工作成效显著

贫困地区和少数民族地区实行计划生育是此类地区脱贫、致富的重要途径。为促进贫困地区和少数民族地区的计划生育与脱贫致富工作，《中共中央国务院关于加强人口与计划生育工作稳定低生育水平的决定》指出：国家采取财政转移支付制度和实施扶贫攻坚战略，大力发展教育、科技、文化、医疗卫生和计划生育事业。实施东部支持西部，城市支援农村，先进帮助后进的对口援助措施。通过对贫困地区和少数民族地区的计划生育家庭提供小额贷款、科技扶持、政策优惠等服务，有效增加了计划生育农户的经济收入，解决了他们的实际困难，提高了他们生产自救和自我发展的能力。

（四）流动人口计划生育服务日益完善

改革开放以来，由于我国经济体制改革快速推进，出现了较大规模的"民工潮"，人口流动性增强，对流动人口计划生育服务提出了越来越高的要求。2003 年，国家人口计生委为了提高流动人口计划生育管理和服务水平，维护流动人口实行计划生育的合法权益，制定了《流动人口计划生育管理和服务若干规定》，明确指出："现居住地应将流动人口计划生育工作纳入本地区经常性管理和服务范围，实行与户籍人口同宣传、同服务、同管理。"随着流动人口规模不断增大和城乡一体化快速推进，2009年国务院颁布了《流动人口计划生育工作条例》，同时废除了1998 年颁布的《流动人口计划生育管理办法》，对流动人口的计划生育工作做出了更详细的规定。为了进一步推进流动人口公共服务均等化，2014 年 7 月，国务院颁布了《关于进一步推进户籍制度改革的意见》，要求建立城乡统一的户口登记制度，稳步推进义务教育、就业服务、基本养老、基本医疗卫生、住房保障等社会服务和保障工作，实现城镇基本公共服务覆盖全部常住人口的目标，这一规定为完善流动人口计划生育服务政策提供了制度保障。2014 年 12 月，国务院法制办公室就《居住证管理办法（征求意见稿）》向社会公开征求意见，明确指出居住证持有人在居住地享受与当地户籍人口同等的基本公共服务。居住证管理办法的实行，将进一步推动流动人口在流入地逐步享有接受基本公共卫生服务、计划生育服务和奖励优待的基本权利。

（五）计划生育管理服务体系不断健全

自《人口与计划生育法》颁布实施以来，全国基本建立起从中央到地方政府再到村（居）委会的人口与计划生育服务网络。

机关、部队、社会团体、企业事业单位和组织也都建立了人口与计划生育服务机构，组织实施本单位的计划生育工作。全国还形成了劳动保障、民政、医疗卫生、财政、教育等政府部门，以及工会、妇联、计生协会、慈善机构等社会团体共同协作、积极参与的管理格局。组织机构、信息交流、管理服务等方面的网络体系基本建立健全，成为保障人口与计划生育事业健康运行的有效载体。《中共中央国务院关于加强人口与计划生育工作稳定低生育水平的决定》指出，党和政府的领导是做好人口与计划生育工作的根本保证。各级党委和政府要把做好人口和计划生育工作摆到可持续发展战略的首要位置，坚持党政一把手亲自抓、负总责。党和政府的领导和科学有效的管理服务机制，保证了计划生育工作的有序推进。村、社区的基层组织在计划生育服务中的作用得到了极大的发挥。[①] 村（居）民依照计划生育政策法规及自治章程，通过民主选举、民主决策、民主监督，对婚姻、生育、节育等婚育行为进行自我管理、自我教育，形成了自我服务的计划生育管理体制。例如，截至 2013 年年底，湖北省已有 75.54% 的村（居）达到计划生育基层群众自治合格标准，有效地促进了人口和计划生育工作的深入开展。

---

① 参见边厚泽：《计划生育村民自治与社区建设研讨会综述》，《人口与计划生育》2003 年第 11 期。

三、人口发展规划制定和实施存在的主要问题

《人口与计划生育法》中人口发展规划的基本思想体现为重人口控制、轻人口结构，重生育管理、轻计生服务，这种规划方案在人口增长速度过快、物质资源极度紧张的条件下，对于缓解人口压力、提升人民生活水平确实发挥了功不可没的作用。但是，在人口形势发生重大变化的现实情况下，就有必要将人口发展规划的重点适时转向"以人为本""全面协调"、促进人口结构优化和人口长期均衡发展的路子上来。

（一）过于强调人口控制，对适度人口重视不够

一个国家或地区的人口规模、人口增长与资源比例有一个限度，要求保持理想的人口规模和人口增长率，具体说来就是指与社会、经济、资源、环境相互协调的相对稳定的人口总量。这个限度可以使一个国家或地区获得最大的经济利益和社会福利。自然界所有的物质和能量不仅在数量上具有有限性，而且是一个相互制约和相互联系的有机整体。地球生态系统自生成以来，在各种自然规律作用下，一直处于相对稳定的平衡状态之中，并以自身的独特规律发展变化。一旦其中的一个环节受到破坏，整个生态系统就会被打乱。自古以来，人类就不断向自然界索取资源。随着人口增多和消费水平提高，对资源的索取数量越来越大。但

是，自然界可供人类开发利用的资源是有限的，它不允许人类无限度地索取，这就决定了人口增长要有一个限度。20世纪70年代，我国正是由于人均资源占有量少，资源环境压力大，才开始实行计划生育政策，并于1982年把计划生育确定为基本国策，2001年中华人民共和国第九届全国人民代表大会常务委员会第二十五次会议审议通过《人口与计划生育法》，使人口与计划生育以法律的形式确定下来，有效地保证了计划生育工作的开展，促进了我国人口总量与资源环境的协调发展。但随着经济社会发展和人口形势的变化，《人口与计划生育法》中人口发展规划的内容和经济社会发展的实际要求出现了差距。

1. 对人口与资源环境可持续发展的压力需要重新认识

关于我国适度人口规模问题，国内已有不少研究成果，其中具有代表性的是1988年中国科学院国情分析研究小组就中国人口、资源、环境、粮食4个基本问题完成的《生存与发展》研究报告。该报告以生物生产力为基础，以人均400千克粮食为标准，计算了中国不同时期的土地承载力，得出以下结论：1985年总生物量（干物质）31.7亿吨，粮食总产量3787亿千克，可承载9.5亿人口，实际超载1.1亿人；2025年生物产量将达到39.8亿吨，粮食总产量将达到5925亿千克，可承载14.8亿人；远景生物产量预计为72.6亿吨，可承载16.2亿人。报告认为，我国土地资源的理论最高承载能力为15—16亿人。1997年，中国政府和联合国开发计划署、世界粮农组织合作进行的一项研究成果显示：中国土地资源的最大人口承载力为17.38亿人，这一结论与上一研究结果相近，其数值略大一些的原因，是考虑了中国技术进步对生产率的影响和全球变暖对粮食生产影响的因素，总的来说可以接受。

上述研究成果测算了我国未来最大人口容量，那么我国未来人口增长趋势是否会超过这个资源承载限度呢，这就需要对我国人口增长进行预测。关于我国人口总量的变化，国内外专家有过很多预测。最近一次是 2010 年联合国人口司的预测，该预测与过去所做的预测相比不同的是，根据中国人口形势发生的较大变化，大幅度调低了对未来人口数量的预测结果。预测结果显示：中国峰值人口数量及峰值年份为：在高方案下，2045 年达到 14.82 亿人；在中方案下，2025 年达到 13.95 亿人；在低方案下，2015 年达到 13.57 亿人。国家人口计生委根据人口宏观管理与决策支持系统（PADIS）所做的预测显示，中国人口总量将会在 2040 年前后达到 14.7 亿人左右的峰值，之后开始减少，这一预测结果与联合国人口司的高方案预测结果相近。将人口承载量数据和人口预测数据进行比较可以看出，中国人口与资源环境可持续发展的形势虽然存在一定压力，但是，这一点同整个人类的发展的前景相一致。因此，持过分悲观的态度是没有根据的。

2. 严格控制人口增长的政策不再适应国家安全要求

国家安全是一个包括政治安全、粮食安全、能源安全、国防安全、卫生安全、经济安全、科技安全等在内的综合体系。而人口安全从人口的规模、结构和素质等方面直接影响国家安全。人口总量对国家安全的影响在不同时期具有不同的特点，在人口快速增长、人均资源占有量低的时期，控制人口总量是实现国家安全的条件；在人口增速较慢的时期，人口结构问题就变成了较为重要的问题。目前，很多发达国家采取鼓励生育、优化人口结构、鼓励引进境外人才等办法，作为缓解老龄化压力的重要措施。而发展中国家更多的是面临着人口快速增长带来的资源紧张和饥饿、贫困等问题。

我国的生育水平早已降低到更替水平以下。根据国家统计局人口普查和抽样调查资料，我国 2000 年、2010 年和 2012 年的总和生育率分别仅为 1.22、1.18 和 1.26，不到世界平均水平的一半。相对于 2.1 的更替水平，即便 1.5 的生育率也意味着每代人减少 32%，难以满足人口长期均衡发展和社会可持续发展的要求。根据世界发展经验，一个国家或地区的人口生育水平一旦降低到更替水平以下，就很难再有回升，基本上不会出现回到更替水平以上的现象。我国的总和生育率低于更替水平已超过 20 年，即使立即全面放开二孩生育，在有限的反弹之后，生育率依然可能会下滑到更替水平以下。如果在近期内不调整生育政策，则会加重人口老龄化，出现人口萎缩和劳动力短缺现象，进而影响经济发展，导致综合国力下滑，严重影响我国的可持续发展。[①]

人口总量萎缩，老年人口比重上升，青年人口减少，必然削弱社会的创新能力和科技进步，还会影响国防安全。相比老年社会，一个充满朝气的青年社会自然更具活力。更为重要的是，国

[①]　参见陈友华：《机构改革背景下中国计划生育新去向》，《南京人口管理干部学院学报》2013 年第 2 期。

防安全需要一定数量的兵员守卫边疆，青年人体力充沛，更具有战斗意志、更具有奋斗激情，是国防安全的基本力量。我国近年国防工业突飞猛进，军事装备与发达国家的差距逐步缩小，这得益于我国完整的工业体系和庞大的研发力量，但人口老龄化和人口不断萎缩的状况将会从根本上削弱这些基础。

（二）对人口结构性问题关注不够

根据《人口与计划生育法》将人口发展规划纳入国民经济和社会发展战略的要求，人口发展规划的制定和实施需要综合考虑人口数量的增长或下降，以及老龄化、教育、健康、经济增长、环境和代际公平等因素，才有可能实现人口长期均衡发展以及人口与经济、社会、资源、环境的协调发展。在国民经济和社会发展框架下，人口发展应当综合考虑多维因素与平衡，而不仅仅是人口数量。

1. 对人口老龄化的社会效应关注不够

在可持续发展的框架下考虑人口问题，需要综合分析人口规模和结构，考虑规模的大小和结构平衡。在我国当前比较稳定的低生育水平下，关键是解决好人口老龄化问题和人口素质提高问题。人口年龄结构平衡是保持相对稳定的人口发展态势、避免出现人口过快增长或人口过度老龄化的必要条件。目前，我国人口老龄化呈现快速上升的趋势，截至 2014 年年底，我国 65 岁及以上老年人口达 13755 万人，占总人口的 10.06%。《人口与计划生育法》要求，完善社会保障体系，保障老年人生活权益。但是，目前我国老龄事业发展滞后，农村社会保障水平低，福利性养老机构一床难求等现象直接影响老年人晚年生活质量。尤其是对于失独家庭的老年人，影响更大。在人口老龄化加快的背景下，老年人的需求难以得到满足，这是制定人口发展规划应当特别注意的一个重要问题。

2. 对出生人口性别比偏高问题缺乏有效治理措施

"两非"的存在是导致我国出生人口性别比长期居高难下的直接原因。尽管综合治理工作已经开展多年，但并没有扭转出生人口性别比失衡的严峻形势。出生性别比长期偏高，必然导致大批"剩男"出现，这将带来普遍的社会问题，影响家庭与社会的稳定。按照 2006 年国务院办公厅印发的《人口发展"十一五"和 2020 年规划》，到 2020 年，我国 20—45 岁人口中男性将比女性多出 3000 万人左右。2013 年后，中国每年的适婚男性过剩人口都会在 10% 以上，平均每年约有 120 万男性找不到对象。"十二五"期间出生性别比问题首次列入国家发展规划，并明确规定了出生性别比下降的目标，而且在计划生育考核中也列入了出生性别比指标，但 2014 年出生性别比仍高达 115.88。鉴于此，人口发展规划有必要关注出生人口性别比治理，人口和计划生育方案的制定与实施应该规定有效治理出生性别比偏高的措施。

（三）对人口城镇化和人口空间分布关注不够

《人口与计划生育法》中对人口迁移流动和空间分布问题的关注，主要目的是解决由于人口涌入城市带来的公共资源紧张问题，其解决的办法，一是控制农村人口向城市涌入的数量；二是调整经济发展战略、重视农村发展、推动农村工业化，而对农民工市民化和流动人口公共服务关注较少，这显然不符合当前城镇化快速推进的要求。《国家新型城镇化规划（2014—2020)》强调，要以人的城镇化为核心，农业转移人口市民化是新型城镇化的关键。近年来，国家卫计委积极推进以农民工为主的流动人口公共服务均等化。2014年我国按常住人口统计的城镇化率为54.77%，按户籍人口统计的城镇化率为36.7%，不仅远低于发达国家80%的平均水平，也低于人均收入与我国相近的发展中国家60%的平均水平。我国城镇化还有很大的提升空间，人口流动也会更加活跃。根据预测，未来二三十年还会有3亿左右的农村人口转移到城市，目前流动人口全家流动趋势明显。同时，1980年以后出生的新生代农民工，面临着回不到农村、融不到城市的问题，需要给予重点关注。①

目前农村工业化水平虽然有所提升，但与城市相比还存在很大差距，尤其是与大城市的差距更大。在高工资和高发展平台的吸引下，还会有大量农村劳动力流向城市。为引导人口合理分布，推进人口城镇化进程，农村经济发展水平还有待进一步提升，城市公共服务资源供给也有待进一步增加。

---

① 参见李若建：《城镇化与户籍制度改革过程中的计划生育政策定位问题探讨》，《人口与经济》2003年第4期。

（四）流动人口计划生育管理模式落后

目前，我国流动人口计划生育采取的是由户籍地和流入地共同管理、以流入地为主的管理模式。这种管理体制在流动人口大量增加和城乡一体化快速推进的情况下，已经变得越来越不适应新的形势需要了，产生了不少问题：第一，生育政策调节与户籍制度改革不同步。由于我国计划生育政策与户口性质紧密相连，而户籍制度改革后，将全面取消"农业户口"和"非农业户口"，统一登记为"居民户口"。而我国的生育数量调节政策、社会抚养费征收政策和奖励扶助对象认定等，仍依原有的不同户口性质差别对待。第二，由于农村外出人口越来越多，《流动人口婚育证明》手续烦琐，不少流动育龄人口没有持原户口所在地的计划生育证明，使得流入地的计划生育管理人员难以掌握这些育龄妇女的婚育状况，不能有针对性地开展服务工作。第三，由于人户分离现象突出，不少地区对流出人员无法管理，而流入地通常把人口和计划生育工作的重点放在对本辖区户籍人口的服务管理上，因为考核计划生育工作好坏的标准仍然是以本地区户籍人口为主，再加上经费紧张，人员不足，流入地也不愿意承担流动人口的计划生育服务与管理工作，因而基层工作难度加大，许多管理措施难以到位。第四，虽然各大城市都已将流动人口纳入城市基本公共服务体系，但是并没有明确的规章制度规定流动人口在流入地可以享有与户籍人口同等的基本项目计生服务的权利，由于主客观条件的限制，流动人口在计划生育方面的权利难以得到保障，有时甚至无法得到同常住人口同样的避孕节育、生殖保健、优生优育等宣传和服务。

　　农民工是卫生和计生公共服务的重点人群，尤其是在儿童免疫接种、传染病防控、孕产期保健、生殖健康等方面更需要重点关注。卫生计生部门需要按照常住人口配置城镇基本医疗卫生服务资源，将农民工及其随迁家属纳入城镇社区卫生服务体系，免费为其提供健康教育、妇幼保健、预防接种、传染病防控、计划生育等基本公共服务。① 若能把构建流动人口卫生计生服务管理的长效机制通过法律形式固定下来，则相关工作便能有法可依。

（五）计生工作中政府与社会的协调机制有待完善

　　对于计生工作来说，社会组织以其特有的优势成为政府职能的承接者，可以弥补政府的不足、减轻政府负担、完善公共服务，但社会组织也存在一些弊端，因此，在计生工作中需要探寻二者互补、互助、互动的途径，各取所长，相得益彰。目前，我国计划生育协会主要依靠政府支持来发展，基础较薄弱，存在人力资源匮乏、资金不足和政府购买服务形式单一等方面的问题，在日后的工作中需要进一步改善。从人力资源来看，大多数基层计生协会没有专职人员，很难执行上一级计生协会下达的任务，在培训志愿者活动中也面临师资、经费、场地等困难。从活动经费来看，首先是工作人员薪酬不高，其次是活动经费有限，使活

---

① 参见陈霞：《社区人口管理中计划生育工作的现状及对策》，《中国医药指南》2013年第6期。

动开展变得困难重重。从市场化运作来看，各种社会组织在数量和质量上发展不足，导致政府购买服务选择单一，各种社会组织缺乏竞争性，往往由政府指定某个社会组织来承担。近年来，北京、上海等地的人口计生系统对协会的机制进行了改革，走出了一条以生育关怀为主线，以项目化管理为手段，以创新工作模式为抓手的新路子，通过打造民生工程，不断为计划生育家庭谋福利，大大提升了计生协会在群众中的威信。这种模式促进了计生管理机制由"政府主导"转变为"社会唱主角"，经营模式由"政府分配"转变为"自主经营"，在工作任务上由"规定动作"转变为"自主创新"，进而促进了政府与社会的协调互动，提高了工作效率，但仍需进一步增强计生协会的自我发展能力，完善计生协会的运作机制，并且建议把计生协会作为未来计划生育的主导力量纳入人口发展规划之中。

（六）计划生育经费不足，缺乏监管和调控机制

计划生育经费不足的问题主要表现为：干部培训经费难以保证，计划生育事业发展经费投入难以保证。计划生育经费大多用于计生基本建设投资、计划生育手术费、避孕药具发放，而对于短期难以见效的宣传教育工作，普遍存在经费投入不足的问题，尤其是基层计生宣传教育中心、宣传教育站等机构经费不足的问题更为突出，很多基层的人口学校、计划生育服务中心因为经费紧张难以正常开展工作，成为有名无实的"摆设"。同时，计划生育家庭所需的关怀照料服务、养老服务、医疗服务等，也由于

基层政府缺乏资金，难以通过购买服务的形式为计划生育家庭提供上述服务。① 由于计划生育家庭，尤其是失独家庭面临的生活问题日益突出，把他们的养老服务需求纳入计划生育事业发展规划合乎人情常理。

计划生育经费管理和使用中也存在很多问题，基层计划生育经费缺乏长期稳定充足的来源，为了增加计划生育事业费，一些地区乱收费或用计划生育经费投资经商办企业。计划生育费作为一种社会事业费，没有实现全国统筹，社会抚养费征收与使用也缺乏有力的监督机制。② 随着我国经济社会发展，建立一套完整的计划生育经费管理制度，对计划生育经费来源、管理和使用过程做出具体规定，积极推进计划生育事业费全国统筹管理，显得十分必要而迫切。

四、完善人口发展规划制定和实施内容的建议

（一）增加优化人口结构、保障计划生育家庭权益的内容

《人口与计划生育法》第九条规定，各级政府部门把人口发展规划纳入整个国民经济和社会发展战略之中。主要包括：人口

---

① 参见陈友华：《关于计划生育经费管理体制改革的思考》，《人口学刊》2000 年第 4 期。
② 参见高元祥：《计划生育经费投入结构及作用分析》，《中国人口科学》2002 年第 2 期。

控制与经济、社会发展的一体化，人口分布、迁移、流动与经济、社会发展的一体化，人口老龄化与经济、社会发展的一体化，人口素质与经济、社会发展的一体化。"四个一体化"中对人口结构和人口再生产与经济、社会发展的关系问题关注不够，人口与计划生育实施方案对人口结构性问题关注不够。在人口数量得到较好控制的现实情况下，人口结构失衡问题更需要受到高度重视，例如：人口年龄结构对老龄化、劳动力供给、社会负担的影响，人口性别结构对男女平等和社会稳定的影响，人口空间结构对城镇化推进的影响，人口总量减少对经济社会发展影响，等等。计划生育家庭，尤其是失独家庭面临的生计、医疗、养老三大难题也需要给予高度关注。因此，建议在未来的《人口与计划生育法》修订工作或者在相关法规政策的调整完善中，综合考虑人口和计划生育工作的方方面面，把调控人口数量、优化人口结构、加强母婴保健、提高人口素质和保障计划生育家庭权益放在同样重要的位置。

（二）加强优生优育服务，强化出生缺陷干预工作

加强优生优育服务，强化出生缺陷干预工作，应体现在人口发展规划之中，使之成为提高人口素质的重要基础工程。为此，建议在人口发展规划中反映和体现以下内容：在政府统一领导下，有关部门应当按照职责分工，加强协作，积极落实出生缺陷三级预防措施，加大出生缺陷干预力度，积极开展易于为广大群众接受的宣传和引导活动，加强婚前、孕前咨询与指导；组织实

施计划生育生殖健康促进工程，做好健康教育、优生咨询、高危人群指导、孕前筛查、营养素补充等优生服务工作；探索建立以家庭为中心的人口计生公共服务体系，开展婚育指导、家庭初级保健、儿童早期发展、家庭教育指导；以婚育新风进万家活动、关爱女孩行动、新农村新家庭计划、幸福工程为载体，广泛宣传人口计生政策，努力形成生殖健康、优生优育、社会性别平等观念，积极倡导科学、健康、负责任的婚育行为；逐步扩大国家免费孕前优生健康检查项目试点范围，探索建立国家免费孕前优生健康检查制度；建设全国产前诊断网络，推进新生儿疾病筛查、诊断和治疗工作；开展出生缺陷发生机理和防治技术研究，加强出生缺陷防治重点实验室建设。

（三）推进城乡一体化，促进流动人口计划生育基本公共服务均等化

由于我国经济的集聚发展，社会福利、教育、卫生等方面的资源均集中在城市，从而导致人口不断向城市流动，造成城市公共服务资源紧张。解决此类问题的根本出路：一是调整经济社会发展战略，重视农村发展，推进农村工业化和城镇化；二是增加城市公共服务资源供给，推进流动人口基本公共服务均等化。按照新型城镇化的要求，推进中小城市公共服务资源配置，满足居民的基本生活需求，促进农业转移人口合理流动、有序落户，同时还要使已经流入城市的人口逐步实现市民化，享有与城市居民平等的公共服务。就流动人口计生服务来看，需要巩固和完善流

动人口计划生育"一盘棋"的工作机制，建立流动人口计划生育基本公共服务均等化保障机制，加强流动人口聚集区多元文化交流，促进流动人口融入当地社会。

《人口与计划生育法》第十四条规定："流动人口的计划生育工作由其户籍所在地和现居住地的人民政府共同负责管理，以现居住地为主。"如前所述，这种工作模式突出了与户籍制度挂钩的管理特点，但并未对计划生育基本公共服务的资源配置和具体责任做出详细规定。根据我国城镇化速度和城乡一体化进程不断加快，以及《国家基本公共服务体系"十二五"规划》、居住证制度和户籍制度改革的要求，鉴于《流动人口卫生和计划生育基本公共服务均等化试点工作方案》已经实施的情况，建议在未来的调整完善中进一步强调"流动人口的计划生育工作由其户籍所在地和现居住地的人民政府共同负责管理，户籍所在地负责证件审批，现居住地提供服务"的内容，并且增加"流动人口现居住地人民政府应当保障流动人口享有计划生育基本公共服务"的条款。各省、自治区、直辖市应按照属地管理原则，落实好流动人口居住证制度，将流动人口基本公共卫生计生服务均等化纳入地方经济社会发展总体规划和党委政府重要议事日程，加以有序推进。

针对当前流动人口家庭式迁移和定居意向明显等新特征，应当进一步推进流动人口基本卫生计生服务均等化。2013 年，国家卫生计生委办公厅印发了《流动人口卫生和计划生育基本公共服务均等化试点工作方案》，并在全国 27 个省（区、市）40 个流动人口较集中的城市开展试点工作。2014 年，国家卫生计生委发布的《关于做好流动人口基本公共卫生计生服务的指导意见》要求，将流动人口纳入社区卫生计生服务对象。按照《国家基本公共服务体系"十二五"规划》和户籍制度改革的要求，将流动人口作为服务对象，纳入社区卫生计生服务体系，为流动人口提供基本公共卫生计生服务，需要按照试点城市的经验，完善工作机制，将流动人口计划生育服务均等化纳入人口和计划生育发展规划以及当地国民经济和社会发展规划。将流动人口计生服务纳入流入地人口与计生发展规划中，并规定流动人口与当地居民享有同等的计生服务，可以更好地保障流动人口的合法权益，使他们享受到与当地户籍人口同样的生殖保健、优生优育、避孕节育服务，避免产生因流出地与流入地沟通衔接管理不畅带来的流动人口计生服务缺位现象。

（四）加强部门协调，综合治理出生性别比偏高问题

出生性别比偏高问题，其实质是男女不平等造成的。解决这一问题，一是需要坚持男女平等基本国策，提高社会性别平等意识，清理涉及社会性别歧视的法规政策，深入推进关爱女孩行动，在转变群众观念上下功夫；二是建立健全国家和省级部门间协调机制，加强出生人口性别比综合治理，把促进社会性别平等、综合治理出生人口性别比偏高问题列入地方各级人口和计划生育发展规划，并明确各级政府及相关部门的职责；三是完善基于医学需要的胎儿性别鉴定和人工终止妊娠登记、孕产期全程服

务管理制度，规范人工终止妊娠药品和计划生育手术器械经营管理，对非医学需要的胎儿性别鉴定和选择性别人工终止妊娠行为采取严格的惩罚措施；四是通过全面实施出生实名登记制度，进一步完善出生统计监测体系和预警机制，建立部门间出生人口信息收集和共享机制，强化区域协作和重点区域治理，在出生人口性别比严重偏高的连片地区，建立区域协作制度。

（五）综合治理人口问题，促进人口长期均衡发展

我国人口年龄结构发生变化，出生人口性别比持续偏高，人口老龄化问题日益突出；此外，人口素质不高、人口分布不合理等问题，也都成为人口长期均衡发展和经济社会协调可持续发展的不利因素。面对纷繁复杂的人口问题，必须改变原来应急式的工作思路，树立人口和计划生育工作一盘棋的全局观念，高度重视人口发展战略的研究与规划的制定实施，真正把人口和计划生育工作视为一项社会系统工程，坚持统筹兼顾、综合治理。唯此，才能促进人口长期均衡发展，为经济社会协调可持续发展创造良好的人口环境。

（六）强化计划生育事业发展规划的内容

《人口与计划生育法》第九条规定："县级以上各级人民政府根据人口发展规划，制定人口与计划生育实施方案并组织实施。""县级以上各级人民政府计划生育行政部门负责实施人口与计划生育实施方案的日常工作。""乡、民族乡、镇的人民政府和

城市街道办事处负责本管辖区域内的人口与计划生育工作，贯彻落实人口与计划生育实施方案。"人口与计划生育实施方案在人口增速过快的背景下更多地体现为一种"人口计划""生育控制"，强调的是控制人口总量过快增长。在我国人口形势已经发生较大变化的现实情况下，更应该强调计划生育工作转型，使计划生育工作从行政干预向福利引导转变。强化计划生育事业发展，并将其纳入人口发展规划，不仅符合时代发展要求，更符合群众意愿，有利于保障家庭权益，维护社会稳定。

（七）加大计划生育事业经费投入，保障计划生育家庭权益

为了解决好计划生育家庭的养老问题，党的十八大做出了"积极应对人口老龄化，大力发展老龄服务事业和产业"的战略部署。《老年人权益保障法》则将"积极应对人口老龄化"上升到法律高度。"新农保"与"城居保"实现了制度上的全覆盖，与此前建立的城镇职工养老保险一道，为百姓织就了覆盖城乡的养老保障网。但是，随着我国计划生育家庭逐渐进入养老服务需求阶段，对计划生育事业和养老服务的发展提出了新要求。2014年中国失独家庭已超过100万个，并且每年以7.6万个左右的速度递增。一些失独者没有固定工作，在丧失劳动力后，面临着生计、治病、养老三大难题。根据调查显示，大多数失独家庭的老年人不愿意入住目前的养老机构，他们更期盼与同样遭遇的人抱团取暖和精神赡养。针对未来需更加重视计划生育家庭的服务需求，通过政府购买服务的方式加大经费投入，积极探索计划生育

服务与居家养老、社区养老、机构养老等相结合的服务模式，逐步建立起失独家庭养老服务体系。同时，要动员社会力量，积极参与到尊老、爱老、敬老、助老的公益活动中来，并且鼓励和支持创新养老模式，形成有利于养老的良好社会氛围。

第 四 章

生育调节政策研究

    三十多年来，计划生育国策的实施，有效遏制了我国人口总量的扩张速度，人口素质得到较大提升，为我国改革开放以来经济社会持续、快速发展创造了有利条件。计划生育政策作用下的长期低生育水平，虽然对控制我国人口规模过大的问题起到了重要作用，但是也引发了人口结构问题，如出生性别比失衡、人口老龄化等，并随之带来了一系列亟须解决的民生问题，如婚姻和养老问题。经验证明，人口规模、人口结构、人口增速和人口流动等人口问题，都与一个地区的经济、社会发展息息相关，人口数量过多或过少、人口结构过老或过年轻、人口增速过快或过慢等，都会对经济与社会发展产生不同方向、不同程度的影响。因此，生育数量调节政策应根据经济社会发展需要，以及人口形势和人口长期均衡发展的要求，适时做出调整与完善。

一、研究背景

影响生育水平变化的因素包括很多方面，如经济发展水平、社会发展程度、人口因素、生育政策以及资源环境等。人口均衡发展观认为，人口问题是个涉及人口、经济、资源、环境等诸多内容的复杂问题，人口均衡状态很难单纯依靠夫妻双方的自主生育行为来实现，而是需要政府从宏观背景出发，审时度势，合理规划人口增长的规模与速度。政府对公民生育行为的指导并不是一成不变的，应当依据人口、经济和社会发展形势的变化做出科学决策，无论是控制人口增长还是刺激人口增长，都是由具体国情与国家发展目标共同决定的。

我国 1949—1957 年新中国成立初期的战后补偿性生育高峰和 1962—1972 年三年自然灾害后的第二次生育高峰，使党和政府认识到人口规模过大、增速过快严重制约了我国的经济发展和社会进步，对资源环境造成了很大压力，于是自 20 世纪 70 年代开始全面推行计划生育政策，控制人口增长速度。1980 年 9 月 25 日，中共中央发表《公开信》，正式提出"提倡一对夫妇只生育一个孩子"的政策要求。1982 年，中共十二大报告进一步提升了计划生育政策的地位，提出了"实行计划生育，是我国的一项基本国策"的重要论断。自此，计划生育被确定为我国的基本国策。

　　为解决"一孩化"生育政策实施过程中出现的矛盾和问题，自 1984 年起，各省、自治区、直辖市陆续对计划生育政策的生育调节条款做出微调，如施行"双独二孩"（即允许双方均为独生子女的夫妻生育两个子女）政策，以及在农村地区施行"一孩半"（即允许部分农村地区第一胎生育女孩的夫妻生育第二个子女）政策或"二孩"（即允许部分居住在山区、沿海等地的农村夫妇生育两个子女）政策。步入 21 世纪后，养老问题凸显、人口红利消失、性别比失衡、失独和残独等问题日益严重，在此背景下，我国计划生育政策的生育调节条款又开启了新一轮的调整。2013 年 11 月 12 日，中共十八届三中全会通过《中共中央关于全面深化改革若干重大问题的决定》，明确提出了"启动实施一方是独生子女的夫妇可生育两个孩子的政策"计划生育政策调整目标，即"单独二孩"生育政策；2014 年上半年，各省、自治区、直辖市在经过必要的修法程序后，相继实行"单独二孩"（即允许一方是独生子女的夫妻生育两个子女）政策。2015 年 10 月 29 日，中共十八届五中全会通过《中共中央关于制定国民经济和社会发展第十三个五年规划的建议》，做出了"全面实施一对夫妇可生育两个孩子政策"的决策。2015 年 12 月 27 日，第十二届全国人民代表大会常务委员会第十八次会议通过《关于修改〈中华人民共和国人口与计划生育法〉的决定》，主要对《人口与计划生育法》中的生育调节内容做出重大修订，结束了实行三十多年的独生子女政策，开启了"全面两孩"政策的新时代。然而，"全面两孩"政策及实施问题仍然需要进一步的研究，以保证这一政策的顺利实施。

（一）经济背景

1. 国民经济稳定增长

新中国成立之初，我国经济总量占世界经济总量的比重很小，国家统计局公布的数据显示，1952 年我国 GDP 只有 679 亿元，直至 1978 年才达到 3650.2 亿元，仅占世界经济总量的 1.8%。而 1978—2014 年的 36 年间，我国经济稳定增长，GDP 年均增长率达到 9.8% 的较高水平，显著快于同期世界平均水平。

2014 年，我国国内生产总值（GDP）达到 636463 亿元，折合美元超过 10 万亿元，成为继美国之后的第二个"10 万亿美元俱乐部"成员，稳居世界第二大经济体。其中，第一产业增加值 58332 亿元，第二产业增加值 271392 亿元，第三产业增加值 306739 亿元；三次产业增加值比重分别为 9.2%、42.6% 和 48.2%。[①]

事实上，我国经济的快速增长在很大程度上可以归功于计划生育政策的实施。20 世纪 70 年代，我国政府认识到人口众多且增速过快，不利于经济快速健康发展。因此，开始在全国范围内推行严格的计划生育政策，生育率快速下降，少儿抚养比迅速降低。随着出生于 20 世纪六七十年代的人口逐渐成年并步入劳动力市场，我国迎来了一个持续三十多年的有利于经济发展的"人

---

① 数据来源于国家统计局 2015 年 2 月 26 日发布的《2014 年国民经济和社会发展统计公报》。

口红利期"，劳动力资源丰富、总抚养负担轻正是这一时期的显
著特征。

2. 人均收入持续增加，城乡收入差别大

"人口多、底子薄、人均资源相对不足"是我国的基本国
情。我国计划生育政策的实施，控制了人口增长速度，使得人均
GDP 同 GDP 总量一样，呈现出逐年稳定增长的态势，由 1978
年的 382 元增加到 2014 年的 46652 元（见图 4-1）。

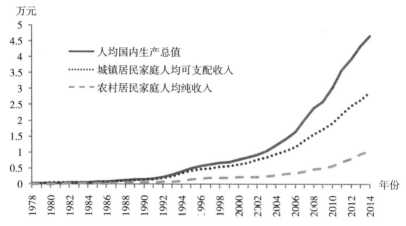

图 4-1　1978—2014 年我国人均国内生产总值与城乡居民收入增长情况

数据来源：国家统计局网站公布统计数据。2013—2014 年数据来源于国家统计局开展
　　　　的城乡一体化住户收支与生活状况调查，与 2013 年以前的分城镇和农村住
　　　　户调查的调查范围、调查方法、指标口径有所不同。

如果说用人均 GDP 作为衡量国民收入水平的指标会在一定
程度上高估国民收入，那么人均可支配收入或人均纯收入指标则
能够较好地评估一国或地区的国民收入水平。图 4-1 显示，自
1978 年至 2014 年，我国城镇居民家庭人均可支配收入和农村居
民家庭人均纯收入呈稳定增长趋势，城镇居民家庭人均可支配收

入持续高于农村居民。1983 年前后，城乡收入差距最小，城镇居民家庭人均可支配收入是农村居民家庭人均纯收入的 1.82 倍；而后，收入差距逐渐拉大，到 2008 年，差距达到最大值，前者是后者的 3.3 倍；之后几年，差距略有缩小，但变化不大，至 2014 年，城镇居民家庭人均可支配收入比农村居民家庭人均纯收入仍高出 1.75 倍。

一般情况下，家庭收入越高，购买力就越强，在保证生活水平至少不下降的条件下能够养育的子女数量也就越多。然而，我国城镇家庭收入普遍高于农村，而平均子女数量却少于农村。究其原因，一方面是因为城镇地区的生活水平高于农村地区，城镇家庭为保障既有生活水准不降低或有所提高，只能控制用于新增子女的消费支出；另一方面则是因为城镇地区施行的计划生育政策更加严格，而这也是最主要的原因。这就人为地造成一个怪现象，抚养能力强的城镇家庭不能多生，只能倾全力抚养一个孩子；能力较弱的农村家庭却被允许生育两个孩子（个别情况下还允许生育 3 个孩子），只能用较低的水平将其养育成人，难以给予他们与城镇孩子相同的成长条件。大批出生于同时代的城镇与农村孩子，在不同生育政策作用下，其吃、穿、住、行、用以及教育和医疗等诸多方面的差距被进一步放大。基于此，现行计划生育政策亟须在生育数量控制方面做出调整，全面施行"二孩政策"，消除由生育政策因素导致的城乡差距扩大。

3. 人口产业结构向现代型转变

所谓人口产业结构，就是经济活动人口分布于国民经济各个部门、从事各种经济活动的人口所构成的比例关系。按经济发展水平的不同，可以将人口产业结构分为传统型、发展型和现代型三种类型。[1] 传统型人口产业结构中，50% 以上的经济活动人口集中在第一产业；步入发展型人口产业结构时，经济活动人口开始由第一产业向第二、第三产业转移，但三次产业所拥有的经济活动人口比重相差不大；转变为现代型人口产业结构后，大量经济活动人口从第一产业和第二产业退出，向第三产业集聚，第三产业中的经济活动人口占比超过 50%。

经济活动人口之所以会随着经济发展的步伐在三次产业间呈现出不同的分布格局，是因为在经济发展过程中，农用机械普及和耕作方式转变，使第一产业需要的劳动力日益减少；同样，由于科学技术进步，机器设备更新换代，第二产业对劳动力的需求也会经历一个先增后减的过程；而伴随人们生活水平和生活质量的提高，第三产业对劳动力的需求会不断增加。

由图 4-2 可知，我国的人口产业结构正处于发展型阶段，第一产业就业比重持续下降，第二、第三产业就业比重不断攀升，目前三者所占比重相差不大。需要注意的是，经济活动人口由第一、第二产业向第三产业转移时，要求劳动者具备相应的知识和技能，也就是说，劳动者素质的提高是必要条件。因此，新时期我国的生育政策应该在控制家庭生育子女数量的同时，注重新生人口素质提高，两手抓两手都要硬，为保证我国人口产业结

---

[1]　参见李仲生：《人口经济学》，清华大学出版社 2009 年版，第 113 页。

构的顺利转型准备足够的高素质劳动力资源。

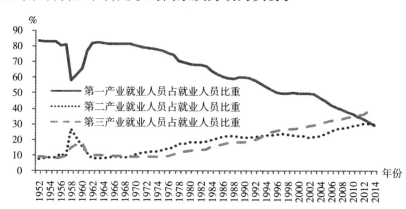

图 4-2　1952—2014 年我国三次产业就业人员比重变化

数据来源：国家统计局网站公布统计数据。

4. 社会保障制度日益完善

我国社会保障制度诞生于新中国成立后，发展历程较为曲折，大体经历了改革开放前与改革开放后两个阶段。①

改革开放前，我国的社会保障制度是由计划经济体制决定的，制度安排具有典型的计划经济特征，属于国家主导下的单位保障制，是一种国家负责、单位（集体）包办、板块结构、全面保障、封闭运行的制度框架。这一阶段又可以分为四个时期，即1949—1955 年的建立期、1955—1965 年的调整期、1966—1977年的"文化大革命"时期和 1978—1985 年的重建期。

改革开放后，我国社会保障的改革与发展则是针对传统社会保障制度而进行的制度变革与创新。在利益格局日益多元化的条

---

① 参见郑功成：《中国社会保障制度变革挑战》，《人民论坛》2014 年 1 月上。

件下，还是由政府主导社会保障制度的建构，但企业、社团与个人也开始分担责任，最终达到一个让社会保障成为独立于企事业单位之外的社会系统的目标。迄今为止，这一阶段经历了三个时期：1986—1993 年的试点探索期，1994—2000 年的全面推广期，2001 年至今的修改完善期。社会保障制度改革已取得了一定成绩，但转型尚未完成，还需继续深化。

当前，我国的社会保障制度主要包括社会救助、社会保险（养老、疾病、工伤、失业、生育等）、社会福利和社会优抚等方面。由于国家财力所限，目前我国的社会保障发展还很不平衡，存在较大的城乡差异。建立健全我国覆盖城乡居民的社会保障体系，需要坚持"广覆盖、保基本、多层次、可持续"的基本方针，以增强公平性、适应流动性、保证可持续性为工作重点，注重保障公平、注重统筹城乡发展、注重优质高效服务、注重可持续发展。

我国社会保障事业取得新进展，为保障城乡居民基本生活、保持社会安定、促进经济发展和社会进步创造了良好的社会环境。截至 2014 年年末，全国参加城镇职工基本养老保险的人数 34115 万人，较 2001 年增加 19933 万人，年均增长 6.98%；参加城乡居民基本养老保险人数 50107 万人；比 2011 年增加 16289 万人，年均增长 14.00%；参加基本医疗保险的人数 59774 万人（其中参加职工基本医疗保险和居民基本医疗保险的人数分别为 28325 万人和 31449 万人），较 2011 年增加 12431 万人，年均增长 8.08%；参加失业保险的人数 17043 万人，较 2001 年增

加 6688 万人，年均增长 3.91%；年末全国领取失业保险金人数
207 万人；参加工伤保险的人数 20621 万人（其中参加工伤保险
的农民工 7362 万人），较 2001 年增加 16276 万人，年均增长
12.73%；参加生育保险人数 17035 万人，较 2001 年增加 13580
万人，年均增长 13.06%。[①]

（二）人口背景

新中国成立以来，我国的人口发展经历了巨大转变，特别
是始于 20 世纪 70 年代的计划生育政策，加快了我国人口再生
产类型由传统的高出生率、高死亡率、低自然增长率向低出生
率、低死亡率、低自然增长率的现代人口再生产类型转变的速
度。同时，改革开放带来了经济社会的长足发展。特别是进入
21 世纪后，我国人口、经济和社会等方面都发生了许多新变
化，这些变化都将对我国新时期人口政策的调整与完善产生重
要影响。

1. 人口快速增长势头得到遏制

2002 年以来，我国人口出生率、人口自然增长率基本稳定
在 12‰ 和 5‰ 左右，人口增长势头得到进一步控制（见图 4-3）。
1949 年，我国大陆总人口 54167 万人，至 1982 年达到 101654
万人，年均增长 1439 万人；自 1980 年中共中央《公开信》发
表后，我国开始施行严格的"一孩化"政策，2001 年年底颁布

---

① 根据国家统计局 2015 年 2 月 26 日发布的《2014 年国民经济和社会发展统计公报》
和《中国统计年鉴 2002》《中国统计年鉴 2012》中相关数据计算得出。

《人口与计划生育法》后这一政策明确入法，2002 年全国总人口达到 128453 万人，1982—2002 年间年均增长 1340 万人；截至 2014 年，全国大陆总人口为 136782 万人，比 2002 年增长 8329 万人，年均增加 694 万人。

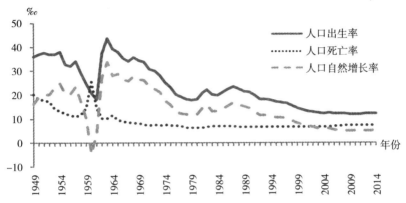

图 4-3　1949—2014 年我国人口出生率、死亡率、自然增长率变动图

数据来源：国家统计局网站公布统计数据。

2. 劳动力抚养比较低，持续近三十年的"人口红利"即将结束

国家统计局统计数据显示，2014 年，我国 0—14 岁少年儿童 22569 万人，占总人口的 16.50%；65 岁及以上老年人口 13815 万人，占总人口的 10.10%；15—64 岁劳动年龄人口 100398 万人，占总人口的 73.40%；少儿抚养比 22.48%，老年抚养比 13.76%，总抚养比 36.24%。1990 年以来，我国的总抚养比已持续 25 年低于 50%，长期的人口红利[①]和较低的抚养压力，

---

① 　总抚养低于 50% 时即为人口红利期。

为我国经济社会发展创造了极为有利的人口环境。

但需要注意的是，自 2011 年起我国总抚养比开始上升，至 2014 年已比 2010 年的 34.23% 上升了近 2 个百分点（见图 4-4）。我国少儿抚养比自 2010 年后就基本保持不变，总抚养比的上升主要是由于我国老年抚养比持续上升的情况所致。老年人口不断增加，特别是劳动年龄人口结构老化，已成为我国当前亟须解决的人口问题之一。

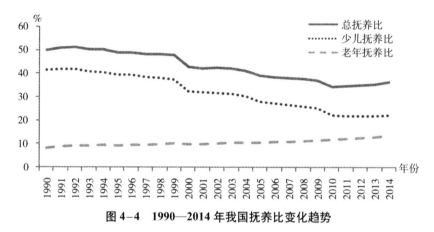

图 4-4　1990—2014 年我国抚养比变化趋势

数据来源：国家统计局网站公布统计数据。

3. 人口老龄化程度日益加重

严格控制生育子女数量的计划生育政策，使我国的人口总量得到有效控制，但也提早迎来了人口老龄化。根据国家统计局公布的数据计算，我国已于 21 世纪前进入老年型国家行列，且老龄化程度呈逐年快速推进态势。2000 年，我国 65 岁及以上人口为 8827.40 万人，占总人口的 7.10%；2010 年增至 11889.12 万人，占总人口的 8.92%；至 2014 年，我国 65 岁及以上老年人口已达到 13755 万人，占总人口的 10.06%，超过总人口的 1/10。

出生人口数量减少和人均预期寿命延长，导致了快速的人口老龄化。近年来，伴随着少儿抚养比的连年下降和老年抚养比的逐年上升（见图 4-4），养老、社会保障等问题日渐凸显。如何积极应对老龄化的挑战，已成为我国当今社会的重点、热点问题。

4. 出生人口性别比持续偏高

当传统的男孩偏好在计划生育政策限制下可能无法实现时，人为地选择子女性别自然而然就成了一种解决方法。伴随 B 超技术的完善与普及，我国的出生人口性别比失衡范围逐渐扩大、程度日渐加深。1982 年、1990 年、2000 年和 2010 年四次人口普查数据显示，我国出生人口性别比分别为 108.47、111.36、116.86 和 117.94，近三十年间出生人口性别比节节攀升，个别省份甚至超过了 130。[1]1982 年全国尚有 19 个省区出生人口性别比完全正常（103—107 之间），而 2010 年就只剩下西藏和新疆两地处于正常水平了。尽管有学者认为现实中存在一定比例的出生婴儿漏报，且漏报的多是女婴，导致我们在一定程度上高估了真实的出生人口性别比，但是即便加上漏报的女婴，也无法否认我国出生人口性别比失衡的事实。[2] 长期的出生人口性别比失衡，必然导致男性择偶难、婚姻挤压等社会问题，而稳定的社会环境的丧失也将直接影响我国经济的持续发展。

---

[1] 参见陶涛、杨凡：《出生性别比间接估计方法》，《人口学刊》2015 年第 2 期。

[2] 参见翟振武、杨凡：《中国出生性别比水平与数据质量研究》，《人口学刊》2009 年第 4 期。

为解决出生性别比偏高这一严峻问题,我国计划生育部门开展了打击"两非"(非医学需要的胎儿性别鉴定、非医学需要的人工终止妊娠)和"关爱女孩行动"等多项专项治理出生人口性别比偏高的行动,并取得了一定成效。从 2008 年至 2014 年,我国出生人口性别比出现了逐年下降趋势,依次分别为 120.56、119.45、117.94、117.78、117.70、117.60、115.88。出生人口性别比长期偏高的势头得到初步遏制,但整体水平依然偏高,距正常水平仍有很大差距,并且出生人口性别比偏高的后果已经显现,风险进一步聚集和增大,面临的形势依然严峻,促进出生人口性别结构平衡的工作任重而道远。①

5. 流动人口规模大、范围广

改革开放以来,外出打工、下海经商、异地求学等导致了大量人口居住地与户籍所在地不一致的人户分离现象,我们将这些人户分离的人口称为流动人口。由于流动人口的不稳定性,准确掌握育龄流动人口的婚育信息存在实际困难,进而造成计划生育服务工作开展难、实施难等一系列问题。

近年来,我国流动人口呈现出如下特点。

一是流动人口规模不断增大。国家卫生计生委发布的《中国流动人口发展报告 2014》显示,2013 年年末,全国流动人口达 2.45 亿人,超过总人口的 1/6。而 2000 年"五普"时,我国流动人口数量仅为 1.14 亿人,13 年间增长了 1.15 倍。

---

① 参见甘贝贝:《我国出生人口性别比六连降》,《健康报》2015 年 2 月 2 日。

二是流动范围不断扩大，以跨省流动为主，流动人口向特大城市聚集的态势增强。跨省流入人口中东部地区所占比例为90.5%，与2010年基本持平；西部地区为7.1%，比2010年下降0.6个百分点；中部地区为2.4%，比2010年上升0.5个百分点。同时，不同省份的跨省流入人口数量也发生了较大变化：北京、上海吸纳跨省流入人口的趋势进一步增强；广东、江苏跨省流入人口减少幅度较大。

三是劳动年龄流动人口的平均年龄呈上升态势，随迁子女比例增加，流动人口家庭化特征明显。2013年劳动年龄流动人口平均年龄增至33.7岁，比2011年提高了0.6岁。流动人口中6—15岁子女随同父母流动的比例为62.5%，比2011年上升5.2个百分点。

四是流动人口婚育年龄推迟，流动育龄妇女在流入地怀孕、生育的比例提高。2012年流动妇女平均初婚年龄23.7岁，平均初育年龄25.5岁，与2000年相比分别增加1.3岁和1.6岁。2012年生育的流动育龄妇女中，孕期一直生活在流入地的比例为57.6%，在流入地生育的比例为59.2%，分别比2011年上升5.9个百分点和7.0个百分点。

五是经济因素仍然是主要的流动原因。流动人口大多是由农村流向城市，由经济欠发达地区流向发达地区。长年在居住地工作、生活的"中长期"流动人口数量不断增加。[①]

[①]　参见段成荣、袁艳、郭静：《我国流动人口的最新状况》，《西北人口》2013年第6期。

此外，从生育意愿看，农村户籍的流动人口生育意愿略高于平均水平，非农村户籍的则低于平均水平。① 由于我国流动人口中农村户籍人口所占比重较大，"六普"数据显示，省内流动人口中农村户籍的占 54%，跨省流动人口中农村户籍的占 81.6%。因此，流动人口的计划生育服务在今后相当长的一段时间内都将是重点与难点。

（三）政策、法律背景

1. 政策先行，倒逼法律做出修改

《人口与计划生育法》颁布至今，已经过了 15 个年头，我国的经济、社会与人口形势都发生了很大变化，有些内容显得不太适应了。人口增长过快是这个法律制定时的首要人口问题，现在已不再是制约经济社会发展的关键因素了，而出生人口性别比失衡、人口老龄化等结构性问题变成了当前亟待解决的难题。

2006 年 12 月 17 日中共中央、国务院颁布《关于全面加强人口和计划生育工作统筹解决人口问题的决定》，专门针对提高出生人口素质、综合治理出生人口性别比偏高、积极应对人口老龄化以及不断完善流动人口管理服务体系等问题做出了对策性安排。

2013 年 11 月 12 日党的十八届三次全体会议通过的《中共中央关于全面深化改革若干重大问题的决定》提出："坚持计

---

① 参见庄亚儿、姜玉等：《当前我国城乡居民的生育意愿——基于 2013 年全国生育意愿调查》，《人口研究》2014 年第 3 期。

划生育的基本国策，启动实施一方是独生子女的夫妇可生育两个孩子的政策，逐步调整完善生育政策，促进人口长期均衡发展。"2014年上半年，"单独二孩"的生育政策陆续在全国范围内实施。2015年10月29日，党的十八届五中全会又提出"促进人口均衡发展，坚持计划生育的基本国策，完善人口发展战略，全面实施一对夫妇可生育两个孩子政策，积极开展应对人口老龄化行动"。

如果说我国2014年上半年普遍实施的"单独二孩"政策，仅仅是对《人口与计划生育法》第十八条"提倡一对夫妻生育一个子女"的部分修改（即只是允许部分家庭生育第二个子女），并非根本否定，还可以在不修法的情况下推行的话，那么，要真正实施中共十八届五中全会做出的"全面两孩"决策，就必须对《人口与计划生育法》第十八条"提倡一对夫妻生育一个子女"的条款做出修订了。正是在计划生育政策调整先行的背景下，第十二届全国人民代表大会常务委员会第十八次会议才于2015年12月27日通过了《关于修改〈中华人民共和国人口与计划生育法〉的决定》，将"提倡一对夫妻生育一个子女"修改为"提倡一对夫妻生育两个子女"，"全面两孩"政策上升到法律层面，其实施具有了法律依据。

2. 公民对生育权利均等化的诉求

《人口与计划生育法》第十七条明确规定："公民有生育的权利，也有依法实行计划生育的义务，夫妻双方在实行计划生育中负有共同的责任。"生育权包括三个方面的内涵：一是在法律允许的前提下，公民可以自由而负责任地决定生育子女的时间、数量和间隔；二是公民有选择生育的权利，也有选择不生育的权利；三是男女双方在生育决策中享有平等的权利，一方权利的实现不能妨碍另一方的权利。

长期以来，我国实行的是有差别的计划生育政策，公民并没有享有平等的生育权利。原《人口与计划生育法》第十八条对于公民可以生育的子女数量只做了"提倡一对夫妻生育一个子女"的原则性规定，具体办法授权省、自治区、直辖市人民代表大会或者其常务委员会规定，这就导致了我国公民生育权的不平等。同是中国公民，允许生育的子女数量却不相同。有些只能生育一个子女，有些可以生育两个子女，极少数还允许生育三个子女。造成这种差异的原因，只是因为公民民族、户籍、地区、第一个子女的性别以及生活环境等因素的不同，这显然有悖于法律公平公正的原则。

赋予公民平等的生育权，并不意味着完全放开生育数量控制，公民还有义务依法实行计划生育。目前，社会上存在一种认识上的误区，认为公民的生育权是与生俱来的，任何时候都不能剥夺，国家不应该制定法律来限制公民的生育权利。事实上，生育行为在一定条件下是存在外部性的，当效用外溢时，能够增进他人或社会的福利；当生育成本外溢时，就会造成对他人或社会福利的损害。前者是生育的正外部性，后者是生育的负外部性。当稀缺的公共资源要被全体社会成员共享时，就会产生生育的负外部性。而依靠制造负外部性的生产者（即超额生育的夫妻）主动消除生育的负外部性，几乎是不可能的。《人口与计划生育法》之所以做出"公民有实行计划生育的义务"的规定，实际上就是为了防止多生育者多占用社会公共资源，就是要靠法律来消除生育行为的负外部性。①

3. 诚信政府，兑现承诺

1980 年 9 月 25 日，中共中央发表《公开信》，号召全体党团员响应国务院的号召、关心国家前途、对人民利益负责、以身作则，实现计划生育，为控制我国人口规模和增长率，适当推迟生育年龄，并且做到一对夫妇只生育一个孩子。在不足 3000 字的《公开信》中，言简意赅地指出了人口增长过快对我国经济、社会发展的不良影响，预见性地评估了实行"一孩化"生育政策可能导致的人口平均年龄老化、劳动力不足、男性数目多于女性、老年抚养比增加等问题。同时也指出，"到三十年以后，目前特别紧张的人口增长问题就可以缓和，也就可以采取不同的人口政策了"。

可见，一孩生育政策是一个应急之策。严格控制人口增长、提倡"一对夫妇只生育一个子女"的计划生育政策只是一个涉及一代人的政策，人口快速增长的形势缓解后，这个政策就不能够，也不应该再继续实施了，必须做出调整，实行新的有利于经济社会发展的生育政策。当前，我国的低生育水平已持续二十多年，人口规模扩张问题已得到控制，人口问题的主要矛盾已由增

---

① 参见李建民：《生育的外部性与生育权利的部分渡让》，《人口与计划生育》2002 年第 7 期。

速过快转变为人口老龄化、劳动力短缺、生育率偏低、性别比失调等。因此，新修订的《人口与计划生育法》将"提倡一对夫妻生育一个子女"修改为"提倡一对夫妻生育两个子女"，是对实行了三十多年的计划生育政策的重大调整，使其更加适应我国当前的人口、经济和社会发展形势，同时也是对三十多年前中共中央《公开信》生育政策调整承诺的兑现，还是促进人口长期均衡发展的重要举措。

二、《人口与计划生育法》生育调节条款的实施成效

自 2002 年 9 月 1 日《人口与计划生育法》实施以来，我国各级计生部门始终坚持计划生育基本国策不动摇，以法律为准绳，以稳定低生育水平为目标，积极探索人口和计划生育工作的新思路与新方法，人口计生事业取得了长足发展。具体表现为：计划生育各项法律法规得到全面贯彻落实，计划生育依法行政工作得到全面加强，计划生育综合施治机制得到不断完善，计划生育群众合法权益得到较好保障。

（一）保持了稳定的低生育水平，有效控制了人口规模的快速扩张

自 20 世纪 90 年代以来，我国一直保持着较低的生育水平，

人口规模的扩张速度得到有效控制。从"五普""六普"情况看，我国的总和生育率（TFR）分别为 1.22 和 1.18，处于极低生育率水平[1]。但是这个数据并不被认可，由国家卫计委、有关学术团体组织的多项调查结果显示，我国的 TFR 大约在 1.5—1.6 之间。

计划生育政策实施四十多年[2]来，特别是《人口与计划生育法》实施以来，我国人口规模快速扩张的态势得到有效控制。"计划生育 40 余年，我国少生 4 亿多人"[3]。有学者于 2011 年利用 1980—2008 年世界 140 多个国家的数据模拟了没有计划生育政策影响的经济社会变量与人口变量的相关关系，并据此推算出中国无计划生育条件下的总和生育率大概为 2.5 左右；进而推测出在无计划生育条件下，自 1972 年至 2008 年，排除经济社会发展的影响，单纯由于计划生育政策的作用，中国少生了 4.58 亿人。其中，1982—1990 年少生 14853 万人，1990—2000 年少生

---

[1] 总和生育率 1.3 以下为极低生育水平。

[2] 文中提到我国计划生育政策实施时间时，如果只是一般性地讲实施计划生育政策的时间，使用四十多年的说法，其根据是 1971 年国务院批转卫生部军管会、商业部、燃料化学工业部《关于做好计划生育工作的报告》；1973 年 7 月国务院批准恢复成立计划生育领导小组及其办公室，同年 12 月全国计划生育工作汇报会上提出"晚、稀、少"的计划生育政策。无论 1971 年还是 1973 年，至 2015 年都是四十多年。如果提到我国实施"提倡一对夫妇只生育一个孩子"（或"提倡一孩"）的政策，或者称"独生子女政策"时，则使用三十多年的说法，其根据是 1980 年 9 月 25 日《中共中央关于控制我国人口增长问题致全体共产党员共青团员的公开信》正式提出了"提倡一对夫妇只生育一个孩子"的计划生育要求，此后，一直推行这一政策，直到 2013 年党的十八届三中全会提出"单独二孩"、2015 年党的十八届五中全会提出"全面两孩"。

[3] 引自国家卫生计生委新闻发言人、宣传司司长毛群安 2013 年 11 月 11 日在国家卫计委例行新闻发布会上接受媒体采访时的讲话。

17318 万人，2000—2008 年少生 13663 万人。[①] 由于采用不同的人口测算方法，关于计划生育对我国人口总量的影响，不同机构、不同学者给出了不同的答案，少则一亿多人，多则四五亿人，其共识就是计划生育政策有效控制了我国人口规模的扩张速度。

人口多了不好，太少了也不好。我国实行计划生育政策的最终目的是促进人口长期均衡发展。当前，我国人口对经济社会发展的关键性影响将长期存在；人口众多对资源环境沉重的压力也将长期存在；但是，人口过少，经济发展就缺乏活力，科技创新能力也会受到影响。因此，只有稳定适度低生育水平，保持一定人口规模，才能促进人口长期均衡发展。

（二）平均受教育程度稳步提高，人口质量得到提升

假定受教育年限越长代表受教育程度越高，人口平均受教育程度越高代表人口质量[②] 越高。依据我国现行学制，我们设定文盲的受教育年限是 0 年、小学文化程度是 6 年、初中文化程度是 9 年、高中文化程度是 12 年、大专及以上文化程度是 16 年。利用国家统计局提供的历年 6 岁及以上人口受教育程度数据，可以计算出我国 2002—2013 年人口平均受教育年限。根据表 4-1 数据，12 年来我国 6 岁及以上人口的平均受教育年限呈稳步上升态势，人口质量持续提升。

---

① 参见陶涛、杨凡：《计划生育政策的人口效应》，《人口研究》2011 年第 1 期。
② 这里的人口质量主要指人口的科学文化素质。

表 4-1　2002—2013 年我国 6 岁及以上人口平均受教育年限

单位：年

年份	合计	男	女
2002	7.73	8.27	7.18
2003	7.91	8.43	7.38
2004	8.01	8.50	7.51
2005	7.83	8.39	7.27
2006	8.04	8.55	7.53
2007	8.19	8.66	7.70
2008	8.27	8.73	7.80
2009	8.38	8.81	7.94
2010	9.26	9.40	9.11
2011	8.85	9.20	8.48
2012	8.94	9.28	8.59
2013	9.05	9.37	8.71

注：表中数据根据国家统计局网站公布统计数据计算得出。2005 年为全国 1% 人口抽样调查，2010 年为第六次全国人口普查，其他年份均为抽样调查，即前两个年份的统计口径与其他年份不同，导致表中数据不连贯。

经验数据显示，受教育程度与子女数量呈负相关关系。2013年国家卫生和计划生育委员会组织的"全国城乡居民生育意愿调查"结果显示，我国人口的受教育程度与生育意愿呈负相关关系。受教育程度越高，生育意愿越低；反之，受教育程度越低，生育意愿越高。小学及以下文化程度人口的生育意愿最高，其次是初中文化程度人口，再次是高中文化程度人口，最低的是大专及以上文化程度人口，其意愿生育子女数分别为 2.03 个、1.94 个、

1.87 个和 1.86 个。①

　　如果按照这种趋势发展下去，也就意味着伴随着我国人口平均受教育年限的延长，我国人口的生育意愿将有可能继续下降到更低的水平。

（三）扭转了传统的生育观念，生育意愿降到更替水平以下

　　计划生育政策的实施，最初的确是依靠政策和行政干预强迫夫妻少生育子女，引发了群众不少抵触心理。但是，随着时间的推延，在经济发展、社会进步、人民生活质量提高等因素的共同作用下，广大群众切身感受到了人口增速降低带来的诸多好处。"少生"一词已经不再是空洞的政策宣传口号，而是深入到了群众内心深处，变成了群众所想所愿，转化为群众的生育意愿。

　　近年来不同机构的生育意愿调查结果显示，从整体上看，我国公民的生育意愿已经稳定在更替水平以下。根据 2001 年、2006 年、2010 年和 2013 年全国性生育意愿调查数据的可比口径计算，20—44 岁有偶妇女平均理想子女数分别为 1.73 个、1.76 个、1.81 个和 1.92 个②，均低于 2.1 的更替水平③。

---

① 参见庄亚儿、姜玉等：《当前我国城乡居民的生育意愿——基于 2013 年全国生育意愿调查》，《人口研究》2014 年第 3 期。

② 参见庄亚儿、姜玉等：《当前我国城乡居民的生育意愿——基于 2013 年全国生育意愿调查》，《人口研究》2014 年第 3 期。

③ 目前发达国家普遍认为，总和生育率为 2.1 即为更替生育水平。之所以为 2.1 而不是 2.0（一个孩子对应父母中的一个），是由于出生时男孩数略多于女孩数，且一部分女孩将在育龄期前死亡。而我国的出生人口性别比较高，女性在达到育龄前的死亡率也略高于发达国家。因此，我国更替生育水平的总和生育率要高于 2.1。

公民的生育意愿与经济社会发展水平、生育政策以及地域文化密切相关，人均收入增长、受教育年限延长、女性就业率提高、代际财富流方向逆转、生活水平提高以及社会保障制度完善等，都会降低人们的生育意愿。根据 2013 年全国城乡居民生育意愿调查数据，普遍实行一孩政策的地区最低，为 1.84 个；一孩半政策地区为 1.98 个；二孩政策地区为 2.01 个，生育政策宽松的地区理想子女数较高。不同地区之间生育意愿存在明显差异，最低的黑龙江省与最高的广东省相差 0.63 个。①

总之，由于公民普遍的低水平生育意愿，即使现在全面放开二孩生育，也只会在短期内出现一个小的补偿性生育高峰，不会造成长期大幅度增长的局面。而且，始于 2014 年的单独二孩政策已经释放了部分生育势能，起到了一定的缓冲作用。

（四）保持了较长时期的"人口红利"，促进了经济快速发展

计划生育政策的实施，导致了我国人口出生率骤然降低，进而减轻了劳动年龄人口的总负担系数，使我国在 20 世纪末、21 世纪初迎来了一个人口年龄结构的"黄金时期"，为社会经济发展提供了不可多得的机遇、丰富的人力资源和最佳的人口环境。

由计划生育政策导致的出生人口规模快速缩小，使得我国劳动年龄人口占总人口比重较大，抚养率较低，被称为有利于经济发展的"人口红利"。我国的人口红利为经济发展创造了有利的

---

① 参见庄亚儿、姜玉等：《当前我国城乡居民的生育意愿——基于 2013 年全国生育意愿调查》，《人口研究》2014 年第 3 期。

人口条件，为整个国家带来了高储蓄、高投资和高增长的局面，促进了我国经济的快速发展。

但需要注意的是，"红利"往往与"负债"相对，经历了持续几十年的"人口红利"期后，人口负债，即人口老龄化问题摆在了我们面前，成为新时期制约我国经济持续发展的新问题。

（五）单独二孩新政实施效果良好，并未形成出生堆积现象

2013 年 11 月 12 日，党的十八届三中全会通过了《中共中央关于全面深化改革若干重大问题的决定》，要求"坚持计划生育的基本国策，启动实施一方是独生子女的夫妇可生育两个孩子的政策，逐步调整完善生育政策，促进人口长期均衡发展"，并于 2014 年开始实施。

通过"单独二孩"申报数据可以发现，大多数省份在"单独二孩"政策刚刚落地时都经历了一个申报"小高峰"，持续一两个月之后，便逐渐趋于平稳。根据国家卫生计生委公布的数据，截至 2014 年年底，全国申请再生育的"单独"夫妇为 106.9 万对。尽管申报数并不等同于一年后实际出生人数，但大体上会与一年后出生数量接近，是未来生育水平的重要预估依据。

一些人认为"单独二孩"政策的实施效果并没有达到预期水平，这可能由于他们对一些数据产生了错误的理解。其一，把 1100 万的"单独二孩"目标人群数量，即符合"单独二孩"条件的育龄妇女数量直接等同于新增出生人口总量，这种做法忽视了二孩生育的意愿或比例；其二，把某一年的"单独"夫妇申报

规模与 1100 万相比较，然后提出"遇冷"或"远低预期"，这种做法既没有考虑二孩生育意愿，也没有考虑二孩生育在几年内才能完成的规律，其结论自然没有说服力。[①] 所以，就此前"单独"夫妇申请生育第二个子女的现实情况看，可以认为，该政策的执行情况基本符合预期。

总之，"单独二孩"政策是我国计划生育政策的又一次调整与改革，也是向"全面两孩"政策的一个过渡，能够削弱直接全面放开二孩生育可能导致的大量出生堆积问题。从"双独二孩"到"单独二孩"再到"普遍二孩"，是一个逐层递进、平稳过渡的过程，能够实现"错峰"和"削峰"，尽量减少短时间内生育堆积所产生的影响。逐步调整完善生育政策，符合人口发展规律，有利于稳定适度低生育水平，减缓人口总量在达到峰值后过快下降的势头，有利于人口长期均衡发展和中华民族长远发展。

三、《人口与计划生育法》生育
调节条款修订的解读

《人口与计划生育法》关于生育数量调节的规定，集中在第十八条。本次修订主要是把原法中的"提倡一对夫妻生育一个子女"修改为"提倡一对夫妻生育两个子女"，这也是本次修法的

---

① 参见翟振武：《"单独二孩"申报符合预期》，《经济日报》2015 年 1 月 20 日。

最主要目的。之所以做出这样的重大修订，既是解决长期以来实行"提倡一孩"的计划生育政策所导致的人口结构性问题（如人口老龄化速度过快、出生人口性别比持续偏高等）的需要，也是促进人口长期均衡发展、形成有利于经济社会协调可持续发展的人口环境的客观要求。下面对生育数量调节部分修订的内容做一简要解读。

（一）适应了时代发展的要求，有利于优化人口年龄结构

2001 年颁布的《人口与计划生育法》第十八条中"提倡一对夫妻生育一个子女"的规定，是以严格控制人口规模增长为设计目标的紧缩型生育调节政策，符合当时人口基数大、人均资源不足、经济增长压力大的客观情况。但同时也是导致如今人口结构严重不合理的重要因素，不利于我国人口与经济社会的协调可持续发展。为逐步调整完善生育政策，促进人口长期均衡发展，党的十八届三中全会后，我国开始启动实施一方是独生子女的夫妻可生育两个孩子的政策；党的十八届五中全会又通过了"普遍两孩"政策；第十二届全国人民代表大会常务委员会第十八次会议通过了《关于修改〈中华人民共和国人口与计划生育法〉的决定》，"全面两孩"政策上升到法律层面。这一系列重大改革举措，适应了时代发展的要求，符合我国当前人口、经济和社会发展形势及未来需求。

人口结构失衡问题，包括出生性别比偏高和人口老龄化两个方面，已超越人口总量问题，成为我国亟须解决的人口问题。从

理论上说，其解决途径有三个：一是放宽政策生育率；二是引进外来年轻人口；三是提高老年人口死亡率。一方面，姑且不论是否有足够多的年轻人口可以被迁入我国，假设能够吸引足够多的年轻人口加入到我国劳动力大军，短期内可以在一定程度上缓和我国人口年龄结构矛盾，但外来人口的社会融合问题也是一个很难解决的问题，长期看他们也会变老，又带来新的人口结构问题。另一方面，如果没有大范围的疾病、天灾、人祸等外力的影响，各年龄的人口死亡率就不会有太大的变化，老年人口死亡率同样如此，更何况随着经济发展和社会进步，死亡率下降几乎是一个普遍规律。因此，我们只能选择通过放宽生育政策的办法来解决人口年龄结构问题。新法确立的"全面两孩"原则，就是在全面评估"单独二孩"政策实施效果的基础上，对生育政策进行调整完善的结果，这一调整必将对解决人口结构性问题产生重要而深远的影响。

（二）取消了"鼓励公民晚婚晚育"的条款，更贴近实际

我国的法定结婚年龄是男 22 周岁、女 20 周岁，早于这个年龄结婚、生育的，即为早婚早育；晚于这个年龄三年及以上结婚的，就是晚婚；已婚妇女 24 周岁及以上或晚婚后怀孕生育第一个子女的，即视为晚育。我国《人口与计划生育法》之所以载入"鼓励公民晚婚晚育"的条款，实际上是把晚婚晚育作为降低生育率的一种手段，服务于控制人口增长的目的。

近年来，伴随着经济发展和社会进步，包括生活方式的改变、高等教育大众化的推进等，我国人口平均初婚年龄已经推迟至法定晚婚年龄以上；平均初育年龄也随之推迟至晚育年龄以上，无论城镇还是乡村，"五普"和"六普"时的平均初育年龄都已超过了 24 周岁（见表 4 - 2）。2003—2013 年的年度统计数据则反映出平均初育年龄均在 24 周岁以上，而且呈升高态势的特点（见表 4-3）。

表 4－2　"五普"和"六普"城乡妇女生育年龄比较

单位：岁

时间与地区		平均初育年龄	生育第二孩次的平均年龄	生育第三孩次及以上的平均年龄
2000 年	全国	24.83	29.06	30.91
	市	26.12	30.10	31.24
	镇	25.12	29.59	31.20
	乡村	24.24	28.86	30.87
2010 年	全国	25.74	30.37	33.14
	市	27.93	31.63	33.76
	镇	25.62	30.72	33.43
	乡村	24.31	29.89	32.99

注：表中数据根据《中国 2000 年人口普查资料》和《中国 2010 年人口普查资料》中相关数据计算得出。

　　在实际工作中，我国为了降低生育水平，还把生育间隔作为照顾二孩生育的一个必要条件，各地都做出了间隔 3—4 年才能生育二孩的规定。事实上，妇女的两次生育行为之间本身就存在着一个自然生育间隔。国内外相关研究发现，即使在没有政策调

表 4 - 3　2003—2013 年我国妇女生育年龄变化情况

单位: 岁

年份	平均初育年龄	生育第二孩次的平均年龄	生育第三孩次及以上的平均年龄
2003	24.78	29.68	30.45
2004	24.88	29.90	30.92
2005	24.35	29.90	31.67
2006	25.52	30.77	32.03
2007	26.24	31.15	32.59
2008	26.71	30.91	32.33
2009	26.46	30.59	33.03
2010	25.74	30.37	33.14
2011	25.30	29.76	31.66
2012	25.78	29.61	32.63
2013	26.03	29.57	32.51

注: 根据国家统计局网站公布统计数据计算得出。

控的自然生育情况下, 妇女的生育行为通常也会有 1—2 年的间隔期, 有的甚至超过 3 年或者更长时间。因此, 在初育年龄普遍推迟的当今社会, 加上自然生育间隔的存在, 全面放开二孩生育后, 既然已经取消了"鼓励公民晚婚晚育"的规定, 人为设置生育间隔年限的做法也应随之取消。因为妇女生育年龄越大, 出现高危妊娠的风险也就越大, 对妇女和孩子的健康都会产生不利影响。

初婚年龄的推迟, 使得"鼓励公民晚婚晚育"的规定失去了存在的必要性, 因此, 本次《人口与计划生育法》修订取消"鼓励公民晚婚晚育"条款的做法，符合实际情况。当然，我们也必须注意到，在普遍晚婚晚育的同时，一些偏远落后的地区仍然存在早婚早育现象。一些青少年法制观念淡薄，视婚姻为儿戏，部分家长也抱着"早生孩子早享福"的观念，纵容或强迫子女早婚早育，甚至尚处于青春期的十五六岁女孩，就有怀孕生育的。过早生育既违反了《婚姻法》和《人口与计划生育法》，也很难做到优生优育，而且对女性身体健康极为不利，更不用说对女性学业、事业发展的影响了。因此，在取消"鼓励公民晚婚晚育"同时，也要进一步加强对《婚姻法》的宣传，力求杜绝违法早婚早育现象。

（三）有利于解决老龄化速度过快和老年抚养比过高的问题

我国 20 世纪 70 年代开始实行计划生育政策，80 年代后进入全面推行、从严从紧阶段。严格的计划生育政策使我国人口得到"急刹车"式的控制，形成了长达几十年的"人口红利"，但一些结构性问题也渐渐浮出水面，老年人口基数大、增长速度快、高龄化、失能化、空巢化等问题越来越突出。

由于持续低生育水平，未来几十年我国的少儿抚养比将会逐步下降到一个较为稳定的低水平阶段，而老年抚养比则会快速上升，并超过少儿抚养比；老年人口将会在 21 世纪中期达到一个相当大的数量，老年抚养比将持续上升，而劳动年龄人口却会面临严重的短缺。

根据联合国对我国人口发展的中方案预测，我国人口数量大约将在 2030 年达到峰值，之后开始回落，至 2055 年回落到基年（2012 年）水平。2010 年"六普"数据与 2000 年"五普"数据相比较，65 岁及以上老年人口数量由 8827.40 万人增加到 11889.12 万人，增长率高达 34.68%，大大超过总人口 7.26% 的增长率；65 岁及以上老年人口比例由 7.10% 升高到 8.92%，增加了 1.82 个百分点，据预测，2020 年将接近 12%，2050 年将超过 23%；80 岁及以上高龄人口数量由 1191.11 万人增加到 2095.34 万人，增加了 75.91%，在 65 岁及以上老年人口中的比例由 13.58% 升高到 17.62%。

关于空巢老人和失能老人数量，全国老龄办发布的《我国城市居家养老服务研究》显示：2012 年我国大约有 6200 万空巢老人，占老年人总数的 1/3。[①] 全国老龄办发布的《中国老龄事业发展报告（2013）》提供的数据表明，当年慢性病患病老年人口（以 60 岁为标准）数量突破一亿人大关，失能老年人口从 2012 年的 3600 万人增加到了 2013 年的 3750 万人。[②] 从发展趋势看，老年人口的高龄化、失能化和空巢化趋势将进一步加剧。

我国劳动力抚养比变化情况如下：2000 年"五普"时总抚养比为 42.86%，其中少儿抚养比为 32.71%，老年抚养比为 10.15%；2010 年"六普"时总抚养比为 34.28%，其中少儿抚养

[①]　参见张兴文：《数据解读老龄中国（三）：全国空巢老年人约 6200 万》，和讯网，http://pension.hexun.com/2012-08-30/145307558.html。

[②]　参见李泽伟：《我国慢性病患病老年和空巢老人数量都将破一亿》，《北京青年报》2013 年 10 月 14 日，转引自新华网，http://news.xinhuanet.com/health/2013-10/14/c_117698410.htm。

比为 22.30%，老年抚养比为 11.98%；根据预测，2050 年总抚养
比将上升至 63.13%，其中少儿抚养比为 24.14%，老年抚养比为
38.99%。届时，我国将成为世界上人口老龄化程度较高的国家，
"人口红利"将被"人口负债"取代。

通过实施"全面两孩"的新法，适当提高生育水平，有助于
放缓老龄化进程，为产业结构升级与完善争取更多的时间。

（四）有利于扭转出生人口性别比偏高态势

由于计划生育政策限制了夫妻生育子女数量，使我国的人口
再生产模式提前完成了现代化转变，而传统的传宗接代、养儿防
老的生育观念并未同时发生同等转变，再加上现代医疗技术的辅
助作用，非法人为选择胎儿性别成为一些家庭既要少生，也要儿
女双全或至少一个男孩，并且还要规避处罚的一种"两全其美"
的解决方法。自 20 世纪 80 年代至今，我国出生人口性别比偏高
的问题已持续长达三十余年。虽然政府多次明令禁止"两非"，
并采取专项行动、配合多种措施进行治理，但一直未能有效遏制
出生人口性别比偏高的态势。究其原因，主要在于"提倡一孩"
的生育政策与儿女双全或至少一个男孩的传统生育文化之间的矛
盾难以调和。

不仅如此，在广大农村地区实行的"一孩半"生育政策，甚
至还引起了歧视女性的异议。其实，20 世纪 80 年代中期在多数
农村地区实行的"一孩半"政策，其初衷是为了满足部分家庭对
劳动力的需求。因为农业生产属于体力劳动，对劳动者体力要求

比较高，受生理因素的影响，女性的体力一般弱于男性。因此，考虑到农业生产的特点和农民的实际困难，多数地区在 20 世纪 80 年代中期对生育政策做出较大调整，允许生活在农村地区、第一胎生育女孩的夫妻，经申请可以安排生育第二个子女。

在我国的农业生产已基本实现机械化、农业劳动对体力的要求大幅下降、女性与男性在农业生产效率上没有多大差别的情况下，部分群众对"一孩半"政策的认识开始出现偏差，认为这种政策就是变相承认女不如男，生育女孩不如生育男孩好，一定要生育男孩才行。这样，也就有了"一孩半"政策歧视女性的歧义。

修订后的《人口与计划生育法》，开启了"全面两孩"的生育政策，不仅有利于消除"一孩半"政策歧视女性的歧义以及由此带来的不良影响，而且也是扭转出生人口性别比偏高局面、促使出生人口性别比恢复均衡状态的重要举措。

（五）满足了群众的生育意愿

通过前面的分析可以发现，长期以来我国的实际生育水平是低于意愿生育子女数的。也就是说，我国居民的生育意愿受某些因素制约并没有得到满足，这些因素是多方面的，包括计划生育政策限制、生育子女机会成本和身体健康状况等。

首先，生育政策对夫妻生育数量的限制是公民生育意愿无法满足的主要原因。2013 年国家卫计委组织的生育意愿调查表明，我国城乡居民普遍的生育意愿是两个孩子，理想子女数为 1.93

个。① 修法后实施的"全面两孩"政策,有利于满足群众的生育意愿,进而更好地兼顾家庭生活与国家长远利益。

其次,养育子女的机会成本过高使部分夫妻主动放弃生育更多子女的想法。当今中国社会对人口素质的重视超过了以往任何一个时期,生育并把孩子培养成为有用之才需要花费比以往更多的金钱和时间。养育孩子的成本既包括直接成本,即用于新增孩子的各种金钱支出;也包括机会成本,即因为养育孩子而不能从事其他生产活动或失去升职、提薪的机会而少得到的收入。因此,为了保证一定的经济收入水平,为了子女素质的提高,多数家庭对子女的需求从注重数量转变为注重质量,这种变化趋势完全符合贝克尔的孩子数量质量替代理论②。

尽管我国居民的意愿生育水平长期高于实际生育水平,但意愿生育水平并不高,而且还低于"全面两孩"的政策生育水平,因此,实施"全面两孩"的生育政策,不会出现较大的生育率反弹,利大于弊。

---

① 陶涛、杨凡:《计划生育政策的人口效应》,《人口研究》2011 年第 1 期。

② 1992 年诺贝尔经济学奖获得者、美国芝加哥大学教授加里·斯坦利·贝克尔 (Gary Stantey Becker) 于 20 世纪六七十年代提出的一种家庭生育行为理论。他认为:孩子数量和质量之间有一种特殊关系,两者彼此相互作用,对生育率有重要影响。这种相互作用首先表现为孩子的数量和质量之间的替代作用,即一种相对的替代性。在贝克尔那里,孩子被看作一种耐用消费品,随着收入的增加,花费在孩子身上的支出也会增加,但由于孩子的数量弹性小于质量弹性,即对孩子质量需求的上升程度大于对孩子数量需求的上升程度,所以,与质量需求上升相比,数量需求会相对下降。在一定条件下,这种相对替代关系还可以转化为绝对替代关系。(参见李竞能:《现代西方人口理论》,复旦大学出版社 2004 年版,第 43—44 页)。

（六）有利于增强家庭抗风险能力

三十余年来，我国实行的是严格的紧缩型生育政策，千千万万个普通家庭服从国家的生育政策，为国家的伟大复兴做出了影响其一生的决定——只生育一个子女。但是，由于独生子女家庭面临着更大的风险，当父母失去生育能力后，作为家庭未来希望的独生子女因为疾病或者意外事故而死亡、伤残时，这些独生子女父母不但要承受失去孩子、孩子终身伤残的精神打击和经济损失，还要面对日后无人照料的问题。

为解决独生子女伤残和死亡家庭的特殊困难，我国已经建立和实施了针对独生子女伤残和死亡家庭的特别扶助制度。这反映了人口与计划生育政策的完善和发展，也是全面落实"三个代表"重要思想和科学发展观、促进社会主义和谐社会建设的具体实践。这项特别扶助制度的建立和实施，有利于促进人口与计划生育工作向依法管理和利益导向相结合方向转变，有利于完善社会保障制度，有利于体现社会公平。

但是，对比独生子女伤残和死亡家庭的实际情况，政府提供的扶助还远远不够。首先，扶助标准不高，且各地差距很大；其次，缺乏对伤残和死亡独生子女父母的生活照料支持，其日常生活照料主要依靠自己或配偶；最后，缺乏对伤残和死亡独生子女父母的情感慰藉，即使有也很难保障情感慰藉的持续性和稳定性。

独生子女家庭为我国计划生育国策的顺利实施做出了特殊贡献，政府不能忘记他们。因此，设计合情合理、具体可行的扶助方案，保障独生子女家庭、特别是独生子女伤残或死亡家庭的基本生活，是解决这些家庭实际困难的一项重要内容。但是，要从根本上杜绝政策意义上的独生子女家庭，唯有改变独生子女政策。从这个意义上说，实施"全面两孩"的新法后，就不会再产生政策意义上的独生子女家庭了。家庭生育子女数由一个增加到两个，不仅会改变家庭结构，而且还能提升家庭发展能力和抗风险能力，促进家庭幸福指数提高。

第 五 章

健全和完善奖励与社会保障制度研究

我国计划生育奖励与社会保障制度的产生是社会经济、政治、文化发展到一定阶段综合作用的产物，曾经对我国计划生育国策的推行起到了积极的促进作用。但是，伴随着经济社会发展和人口环境变化，这个原本能够对计划生育起到一些激励作用的政策逐渐变成了"鸡肋"，难以产生激励效应，亟须修改完善。

一、研究背景

计划生育奖励扶助和社会保障制度是指政府通过经济利益杠杆以及其他相关手段，对独生子女户、农村"双女户"和个人进行的以奖励、帮扶、优待、保障等为主要内容的经济利益补偿制度，目的是使他们在政治上有地位、经济上有实惠、生活上有保障。之所以实施这样一项针对特定人群的福利政策，是由于计划生育家庭对我国的人口控制工作做出了重大贡献。对实行计划生育的家庭给予一定的奖励和保障，体现了党和国家对这些家庭的关心与关怀，也是对这些家庭的一种利益补偿。

我国计划生育奖励与社会保障制度的产生背景主要有以下几个方面。（1）从国家层面来说，改革开放三十多年来我国社会经济快速发展，特别是国家财力增强，为构建人口和计划生育利益导向政策体系提供了坚实的物质基础。（2）我国自 20 世纪 80 年代初期开始形成的约束性、强制性的计划生育政策是当时特定社会背景下的产物。随着政府职能转变和依法行政理念逐渐深入人心，以及法律、法规不断健全，特别是《人口与计划生育法》对"计划生育奖励与社会保障制度"的明确规定，这种传统的约束性、强制性生育政策已经不能适应人口和计划生育工作的需要，建立健全约束性和激励性相结合的利益导向政策体系成为人口和计划生育工作的必然选择。（3）相对于 20 世纪八九十年代来说，我国目前的人口问题和人口形势已经发生了重大变化。如果说 20 世纪八九十年代我国的人口问题主要表现为庞大的人口基数以及每年增长的庞大人口数的话，那么，进入 21 世纪以来我国的人口问题已由原来比较单一的生育率过高和人口增长过快转变为人口数量、人口质量和人口结构等问题并存并重。（4）按照我国生育政策调整的逻辑过程，我国的生育政策已经完成了由"提倡一孩"向"全面两孩"的过渡。与以往的奖励扶助政策相比，实施"全面两孩"的新法后，奖励扶助对象必然会发生重大变化。

二、计划生育奖励扶助和社会保障
制度的主要内容及实施成效

随着20世纪80年代初期形成的具有约束性、强制性的计划生育政策的推行，我国逐步建立并实行了一系列约束性与激励性相结合、以经济利益为导向的奖励扶助制度。《人口与计划生育法》实施后，从法律高度对计划生育奖励扶助和社会保障制度做出了更为明确的规定。

（一）计划生育奖励扶助和社会保障制度的形成与演变

早在20世纪50年代中期，我国就对实行避孕节育手术的夫妇或家庭给予一定的经济补偿。1957年10月，国务院在《关于职工绝育、因病施行人工流产的医药费和休息期间工资待遇问题的通知》中规定：职工施行绝育和因病施行人工流产的手术费、医药费以及施行手术后必须休息期间的工资可参照《劳动保险条例》相关规定实施，即：工人与职员疾病或非因公负伤，在该企业医疗所、医院、特约医院或特约中西医师处医治时，其所需诊疗费、手术费、住院费及普通药费均由企业行政方面或资方负担；工人与职员因病或非因公负伤停止工作医疗时，其停止工作医疗期间连续六个月以内者，按基本企业工龄的长短，由该企业行政方面或资方发给病伤假期工资，其数额为本人工资的

60%—100%；停止工作连续医疗期间在六个月以上时，其数额为本人工资的40%—60%，至能工作或确定为残废或死亡时止。这可以说是我国计划生育奖励扶助及社会保障制度的发轫。1963年10月，中共中央批准的《第二次城市工作会议纪要》中要求：职工做节育和结扎手术的，给予短期休假时间，工资照发。1982年2月，中共中央在《关于进一步做好计划生育工作的指示》中强调：要对独生子女及其家庭发给独生子女保健费，由夫妇双方所在单位各负担50%。

从20世纪80年代开始制定并实施的地方性计划生育条例对计划生育的工作原则、组织管理、生育政策、节育措施、优待奖励、限制处罚等方面都做出了详细规定，其核心内容可分为两部分：一是生育调节政策，二是生育管理政策。生育调节政策包括对生育孩子数量的规定和生育孩子时间间隔的规定两方面内容，即晚婚、晚育、少生、稀生、优生。生育管理政策是保证生育调节政策得以落实的包括人口计划管理、优生与节育管理、优待奖励、处罚限制以及对流动人口的计划生育管理等相关规定、办法和措施。为了保证生育调节政策和生育管理政策的实施，各地计划生育条例在"优待奖励"方面也都做出了明确规定。例如，各地条例一般都规定，国家工作人员和城乡集体所有制企业职工，夫妻双方符合晚婚、晚育条件的，除国家规定的婚假外，再增加婚假、产假若干天。国家干部和职工、城镇居民的独生子女家庭都可以领取一定数量的独生子女保健费，独生子女在入托、入学、就医、就业等方面，在同等条件下给予优先，或适当减免、免除独生子女的入托费、学费、医药费等；农村独生子女家庭除了发放独生子女保健费，以及享受入托、入学、就医等方面的优先优惠或减免此类费用外，还给予一系列优待，如：优先分配宅基地、优先招工、优先安排进乡镇企业、优先分配生产资料、帮助发展生产等。

随着社会经济发展以及国家财力的改善，国家逐渐将计划生育奖励政策与帮助计划生育家庭发展经济、改善生活、提高养老保障能力等结合起来，建立健全计划生育利益导向政策体系。2000年3月，中共中央在《关于加强人口与计划生育工作稳定低生育水平的决定》中提出，要"建立和完善计划生育利益导向机制"。

2001年颁布、2015年修订的《人口与计划生育法》第四章对"奖励与社会保障"做出了明确规定。主要内容有：国家对实行计划生育的夫妻，按照规定给予奖励；国家建立健全基本养老保险、基本医疗保险、生育保险和社会福利等社会保障制度，促进计划生育；符合法律、法规规定生育子女的夫妻，可以获得延长生育假的奖励或者其他福利待遇；在国家提倡一对夫妻生育一个子女期间，自愿终身只生育一个子女的夫妻，国家发给《独生子女父母光荣证》；获得《独生子女父母光荣证》的夫妻，按照国家和省、自治区、直辖市有关规定享受独生子女父母奖励；法律、法规或者规章规定给予获得《独生子女父母光荣证》终身只生育一个子女的夫妻奖励的措施中由其所在单位落实的，有关单位应当执行；获得《独生子女父母光荣证》的夫妻，独生子女发生意外伤残、死亡的，按照规定获得扶助；在国家提倡一对夫妻生育一个子女期间，按照规定应当享受计划生育家庭老年人奖励扶助的，继续享受相关奖励扶助；地方各级人民政府对农村实行计划生育的家庭发展经济，给予资金、技术、培训等方面的支持和优惠；对实行计划生育的贫困家庭，在扶贫贷款、以工代赈、扶贫项目和社会救济等方面给予优先照顾；等等。

2006 年 12 月，中共中央在《关于全面加强人口和计划生育工作统筹解决人口问题的决定》中要求："全面推行农村计划生育家庭奖励扶助制度和'少生快富'工程，落实独生子女父母奖励、计划生育免费基本技术服务制度。积极探索建立独生子女伤残死亡家庭扶助制度。"2011 年 4 月，胡锦涛在中央政治局集体学习时强调，要进一步"完善人口和计划生育利益导向政策体系"。党的十八大以来，人口和计划生育利益导向政策得到进一步强化。

经过数十年的建设，我国已经形成了包括独生子女父母奖励、农村部分计生家庭奖励扶助、独生子女伤残死亡家庭特别扶助、西部地区"少生快富"工程、免费计生技术服务等系列制度，以及融奖励、优先优惠、扶助发展、养老保险多项内容、多种形式为一体、涵盖经济与社会发展多领域、全方位、具有利益导向的奖励优惠政策体系。这一政策体系的核心是奖励扶助，即：国家机关、企事业单位及社会团体对自觉实行计划生育的家庭、个人及其子女给予一定的物质奖励。对此，《人口与计划生育法》明确规定："国家对实行计划生育的夫妻，按照规定给予奖励""国家建立、健全基本养老保险、基本医疗保险、生育保险和社会福利等社会保障制度，促进计划生育"。

（二）计划生育奖励扶助和社会保障的标准

关于计划生育奖励扶助的具体标准，在《人口与计划生育法》《全国农村部分计划生育家庭奖励扶助制度》《全国独生子女伤残死亡家庭特别扶助制度》《西部地区"少生快富"工程》以及免费孕前优生健康检查制度等法律法规和规章制度中均做出了具体规定（参见表5-1）。各地在落实国家各项奖励扶助制度过程中，一般都根据其经济发展水平和财政承受能力，制定了具体的奖励扶助标准，很多地区都大大高于国家最低标准。

表5-1　现行计划生育奖励扶助项目与国家标准

项目	奖励标准
独生子女父母奖励	一般为500元/一次性；各地区稍有不同
农村部分计划生育家庭奖励扶助制度	960元/年/人（夫妻年满60周岁后）
独生子女伤残死亡家庭特别扶助制度	独生子女伤残、死亡家庭夫妻，城镇每人每月270元、340元，农村每人每月150元、170元
西部地区"少生快富"工程	3000元/一次性
免费孕前优生健康检查制度	240元/一次性

关于独生子女父母的奖励标准，《人口与计划生育法》只是做出了原则性规定，并没有做出明确而具体的统一规定，主要通过授权地方人民政府制定具体办法，在各省、自治区、直辖市制

订的《人口与计划生育条例》中体现出来。

关于农村部分计划生育家庭奖励扶助的标准，国家人口计生委、财政部 2004 年联合发布的《关于开展对农村部分计划生育家庭实行奖励扶助制度试点工作的意见》规定：符合条件的农村计划生育夫妻，按人年均不低于 600 元的标准发放奖励扶助金，直到亡故为止。自 2009 年开始，把奖励扶助金标准增加到人年均不低于 720 元。2012 年起，奖励扶助金标准进一步增加到人年均不低于 960 元。

关于独生子女伤残死亡家庭特别扶助的标准，国家人口计生委、财政部 2007 年联合发布的《全国独生子女伤残死亡家庭扶助制度试点方案》规定：独生子死亡后未再生育或收养子女的夫妻，由政府给予夫妻每人每月不低于 100 元的扶助金，直至亡故为止；独生子女伤残后未再生育或收养子女的夫妻，由政府给予每人每月不低于 80 元的扶助金，直至亡故或子女康复为止。自 2014 年起，国家将独生子女伤残、死亡家庭夫妻的特别扶助金标准分别提高到：城镇每人每月 270 元、340 元，农村每人每月 150 元、170 元。

关于西部地区"少生快富"工程的奖励标准，国家人口计生委、财政部联合发布的《西部地区计划生育少生快富工程实施方案》规定：对西部地区按照政策法规的规定，可以生育三个孩子而自愿少生一个孩子，并按各省（区）的有关规定采取了长效节育措施的夫妇，只要自愿申请参加、符合条件，每对夫妇一次性奖励不少于 3000 元。

关于免费孕前优生健康检查的扶助标准，国家人口计生委、财政部 2010 年联合发布的《关于开展国家免费孕前优生健康检查项目试点工作的通知》规定：每对夫妇免费孕前优生健康检查经费结算标准为 240 元。

根据国家制定的计划生育奖励扶助制度各项内容的奖励标准，各省、自治区、直辖市根据各自的经济发展水平以及财政承受能力制定的奖励扶助标准略有不同。总的来说，经济较发达地区的奖励标准稍高于经济欠发达地区。

（三）计划生育奖励扶助和社会保障制度的实施成效

计划生育奖励扶助制度的实施，对于转变群众的生育观念和生育行为，化解人口反弹形势，改善干群关系，缓解社会矛盾，推动人口和计划生育工作质量与水平的全面提升，均起到了重要作用。具体地说，主要体现在以下五个方面。

第一，奖励扶助制度的实施，为解决农村部分计划生育家庭面临的实际困难，完善人口和计划生育政策，促进农村人口与经济社会协调发展，起到了重要作用。我国自 2004 年起在全国 15 个省、市开展奖励扶助制度试点，中央和地方财政安排2.1 亿元，为 31 万有一个子女或两个女孩、年满 60 周岁的农村居民发放了计划生育奖励扶助金。2005 年，把扩大奖励扶助制度试点作为加强农村工作、提高农业综合生产能力的一项基本政策。十六届五中全会把全面实施这项制度列为"十一五"期间大力发展农村公共事业的重要内容。2005 年，中央财政安排 4 亿元资金用于扩大试点，覆盖了绝大多数省份，受益群众达到 135 万人。党的十八大以来，计划生育奖励扶助和社会保障的力度进一步加强。

第二，奖励扶助制度的实施，有力地推动了人口和计划生育工作。从"处罚多生"为主转向"奖励少生"为主，不但减轻了计划生育工作难度，在一定程度上扭转了农村计划生育工作难的局面，而且促进了计划生育工作思路和工作方法的转变，使计划生育工作的社会形象明显改观，大大增强了计划生育政策的感召力。

第三，奖励扶助制度的实施，为解决"三农"问题提供了新思路。试点地区的许多农民和基层干部把减免农业税、建立农村合作医疗和实行奖励扶助制度视为解决"三农"问题的三大惠民"新政"。资金直补农民，使群众得到了最现实的实惠，不仅缓解了他们的实际困难，而且对于探索农村社会保障制度和农村基层政权建设也都产生了积极作用。

第四，奖励扶助制度的实施，为国家财政向农村提供公共服务探索了新路。奖励扶助制度财力分担合理，在坚持财权与事权相统一的前提下，资金由中央和地方财政分级负担，中央和省级财政拿大头，不但调动了地方的积极性，增强了地方的责任意识，而且有利于在实际操作中严格奖励扶助的范围和规模。同时，也有利于保障资金及时足额到位，形成了资格确认、资金管理、资金发放和社会监督"四权分离"的制度运行框架以及高效、互动的工作机制，增强了基层的工作活力，为奖励扶助制度健康发展提供了保障。

　　第五，奖励扶助制度的实施，进一步密切了党群干群关系。奖励扶助制度让广大农民群众直接感受到了党和政府的温暖，他们觉得党和政府真心为群众办实事、办好事，响应号召不吃亏。可以说，一项低付出、高绩效的制度，收获了广大农民对党和政府的信任和感激，收获了农民对计划生育工作的真心支持。

　　下面以计划生育特别扶助制度为例再加以说明。具有对独生子女死亡伤残家庭补偿作用的计划生育特别扶助制度，既不同于其他计划生育奖励扶助政策，也不同于"少生快富"工程、独生子女父母奖励制度、节育奖励政策等侧重于引导群众自觉少生优生和实行计划生育的政策。这一政策的着眼点在于普遍提高此类家庭的福利保障水平，具有救助和保障作用，以扫除独生子女家庭因子女数量少而在家庭生活、养老方面的后顾之忧。获得这项政策待遇，以独生子女死亡伤残家庭夫妻女方年满49周岁为起点。他们中的多数家庭在遭遇中年或老年丧子（女）的巨大打击之后，更面临家庭劳动能力逐步丧失、家庭自我照料能力逐步减弱等突出困难和问题。2012年以前，我国新型农村社会养老保险制度、城镇居民社会养老保险制度尚未普遍建立，已有的保障标准水平较低，特别扶助制度客观上对城乡计划生育特殊困难群体起到了救助和养老保障的作用。可以说，计划生育特别扶助制度的实质和目的是对独生子女死亡伤残家庭给予特殊照顾，缓解这个特殊群体在生产、生活和养老中的困难，保障这些家庭不因子女死亡或伤残而影响其基本生活，降低其养老风险，特别是能使这些家庭的夫妻在年老逐步丧失劳动能力的情况下，其基本生活至少达到当地平均水平，从而使广大群众看到党和政府对实行计划生育家庭负责任的态度。由于特别扶助对象家庭收入和生活水平差异很大，在研究制定特别扶助标准时更应从特别扶助对象中的低收入群体或低保对象的生活水平出发，保障这些家庭的生活至少要达到社会平均水平。

三、计划生育奖励扶助和社会保障制度面临的困境

由于多种原因，计划生育奖励扶助和社会保障制度还存在较多的缺陷，在一定程度上影响到其实施效果。主要表现在以下五个方面。

（一）奖励扶助标准过低，缺乏足够的吸引力

我国现行计划生育奖励扶助标准过低，降低了对群众自觉实行计划生育的吸引力。相对于社会经济增长速度，计划生育奖励扶助标准增幅过慢；相对于目前人们的消费水平，计划生育奖励扶助标准过低；相对于人们的受益预期，计划生育奖励扶助受益滞后。

自 20 世纪 80 年代初期至目前，我国国民总收入、国内生产总值、国家财政收入分别增长了数十倍；城镇居民家庭人均可支配收入、农村居民家庭人均纯收入也分别增长了数倍。但是同一

时期我国计划生育奖励标准却没有得到同步增长。20 世纪 80 年代初期，当时绝大多数省区的独生子女父母奖励费（保健费）为每人每月 5 元，即一对夫妇每年 120 元；目前，绝大多数省区的独生子女父母奖励费仅增加到每人每月 10 元，只增长了 1 倍，相对于国民总收入、国内生产总值的增长速度来说，计划生育奖励标准的增长幅度几乎可以忽略不计。有研究显示，20 世纪 80 年代初期每月 5 元的独生子女父母保健费相当于同期全国平均工资的 10%，而目前却只相当于 0.4%。另外，农村部分计划生育家庭奖励扶助金和独生子女伤残死亡家庭特别扶助金的发放时间具有明显的滞后性。由于受到传统观念的影响和生存环境的限制，广大农民更在意看得见的眼前利益。此外，计划生育奖励扶助制度在奖励标准的设定方面没有建立起相应的动态调整机制，随着消费水平的日益上涨，它在一定程度上发生了边际效用递减。

本课题组成员杨兆云教授在福建省泉州、厦门市的调查数据[①] 也说明了这一点。绝大多数受访者都认为目前的独生子女父

---

① 此处数据来自于 2015 年 2—3 月间在福建泉州市鲤城区、石狮市、南安市和安溪县四地以及厦门市同安、集美两区进行的调查。调查样本按照多阶段抽样的方法抽取。在泉州市共发放 500 份调查问卷（其中鲤城区 200 份，石狮市、南安市和安溪县各 100 份），回收问卷 485 份，有效问卷 463 份，所占比例分别为 97.0% 和 92.6%。在厦门市共发放 300 份调查问卷（同安区和集美区均为 150 份），回收问卷 281 份，有效问卷 271 份，所占比例分别为 93.6% 和 90.3%。调查样本的自变量主要包括计划生育家庭奖励扶助和社会保障政策体系受惠者的性别、年龄、婚姻状况、文化程度、职业、家庭人均年收入、结婚年龄、生育年龄、子女情况 9 个方面。

母奖励标准、农村部分计划生育家庭奖励扶助标准、独生子女伤残死亡家庭特别扶助标准以及免费孕前优生检查标准是比较低的（见表5-2）。

表5-2　关于计划生育奖励扶助额度是否合适的调查表

单位：%

评价	独生子女父母奖励标准	农村部分计划生育家庭贡献奖励标准	独生子女伤残死亡家庭特别扶助标准	免费孕前优生检查标准
合适	20.2	26.2	21.2	18.1
比较多	4.3	6.5	4.3	1.7
比较少	75.5	67.3	74.5	80.2
合计	100.0	100.0	100.0	100.0

（二）受益对象的确定程序烦琐，规范性不够强

独生子女父母奖励金、农村计划生育家庭奖励扶助金、独生子女伤残死亡家庭特别扶助金对象的确认，一般要经过以下6道程序：（1）本人自愿申请，提交相关证明材料并签订相关协议书；（2）村民委员会评议并张榜公示；（3）乡（镇）人民政府、街道办事处初审并张榜公示；（4）县（市、区）人口计生行政部门审核、确认并公布；（5）省、市人口计生行政部门备案、核查；（6）县（市、区）人口计生行政部门年审。本次调查数据显示，不同性别、年龄、职业及文化程度的受访者大多认为目前计生奖励扶助受益对象确定的手续过于烦琐，尤其对于老年人来说，由于受制于文化程度以及现代信息技术手段不足，他们在申请奖励扶助过程中面临着更多的困难和问题。因此，51岁及以

上受访者中高达 81.4% 的人认为手续比较烦琐（见表 5-3）。

表 5-3　奖励扶助受益对象对确定手续繁易程度的评价

单位：%

项目		手续简易	手续一般	手续繁烦	说不清
性别	男	10.4	22.3	65.7	1.6
	女	9.7	17.9	70.3	2.1
年龄（岁）	20 以下	10.3	20.5	66.8	2.4
	20—30	11.5	19.4	67.3	1.8
	31—40	10.4	16.0	70.9	2.7
	41—50	11.2	11.2	74.8	2.8
	51 及以上	8.1	6.5	81.4	4.0
职业	务农	6.5	17.6	73.1	2.8
	务工	10.7	20.2	67.4	1.7
	公务员	18.2	21.5	57.9	2.4
	经商	13.1	14.3	70.6	2.0
	其他	17.8	12.9	66.5	2.8
文化程度	小学及以下	5.4	15.6	76.1	2.9
	初中	10.4	18.3	68.8	2.5
	高中或中专	18.4	13.1	67.2	1.3
	大专	18.5	17.9	60.8	2.8
	大学及以上	21.7	17.8	58.2	2.3

（三）奖励扶助制度实施效果被惠民政策所削弱

计划生育奖励扶助制度与目前国家实施的惠民政策之间缺乏良好的统筹与衔接，在一定程度上削弱了计划生育奖励扶助制度的实施效果。

目前，国家实施的惠民政策一般具有普惠性的特点，在计算各种补助标准时，较多是以"人头"为计算单位，这样就产生了"人多得多"的结果。比如，目前国家实施的"新农保"、义务教育"两免一补"和"新农合"等惠民政策，无论资格确认还是享受标准，都是以"人头"为计算单位，这就意味着家里多一个人就能多一份补偿。由于普惠性惠民政策没有体现对实行计划生育家庭和个人的优先、优惠和特惠，因而没有实行计划生育的家庭因为人多可以得到更多的补助；而实行计划生育的家庭由于人口少、负担轻，有时反而不符合奖励扶助条件，得到的补助少。还有一些惠民政策在制度设计时就把计划生育奖励扶助对象"排除"在外。比如，目前实施的新型农村合作医疗制度就明确排除了计划生育手术并发症的对象，规定其治疗费用不纳入报销范围。而计划生育手术并发症是不可能完全避免的。这种情况对计划生育奖励扶助制度产生了一定的消极作用。

另外，目前实施的惠民政策在社会上产生的影响力度和影响面，都远远超过了计划生育奖励扶助制度。以农村低保为例，2006 年全国人均月基本保障标准为 70.3 元，且没有年龄限制；而同期实行的农村部分计划生育家庭奖励扶助标准为 50 元，低于人均月基本保障标准。该年全国享受农村低保待遇的人数为1262 万人，而独生子女奖励补助金覆盖面只有 200 万人。由于多数普惠政策以人均形式落实，按人头进行补助，未能体现对计划生育家庭的优先优惠，人口多的家庭得到的实惠多，人口少的家庭得到的实惠少，给群众留下了"多生多受益，少生少受益"的错误印象。

（四）奖励扶助标准远远低于社会抚养费征收标准

按照相关规定，违规生育的，按当事人违法行为被查出的上一年度县（市、区）城镇居民人均可支配收入或者农村居民人均纯收入的若干倍数征收社会抚养费（夫妻双方分别征收）。按照目前城镇居民人均可支配收入或农村居民人均纯收入标准，征收的社会抚养费都是一个不小的数目。由于各地《计划生育条例》对社会抚养费征收标准有不同的规定，因此，各地的征收额相差很大。这里以福建省为例加以说明。《福建省人口与计划生育条例》规定，违规生育的，按当事人违法行为被查出的上一年度县（市、区）城镇居民人均可支配收入或者农村居民人均纯收入的以下倍数征收社会抚养费（夫妻双方分别征收）：（1）未婚提前生育子女的，除多生育的情形外，按 60% 至 1 倍征收。但生育时已达到法定婚龄，并在被告知征收后三个月内补办结婚登记的，免予征收。（2）多生育一个子女的，按 2—3 倍征收；多生育第二个子女的，按 4—6 倍征收；多生育第三个以上子女的，从重征收。（3）婚外生育一个子女的，按 4—6 倍征收；婚外生育第二个以上子女的，从重征收。2013 年，福建省城镇居民人均可支配收入、农民人均纯收入分别为 30816 元和 11184 元。如果按上述第（1）条规定计算，城镇违规生育家庭应当缴纳的社会抚养费将介于 18490—61632 元之间；农村违规生育家庭应当

缴纳的社会抚养费将介于 6710—22368 元之间。如果按违反第
（2）条和第（3）条规定计算，应当缴纳的社会抚养费更高。与
违反计划生育的高额社会抚养费相比，目前福建省各类计划生育
奖励扶助的标准显得微不足道。比如，一次性 500 元的独生子女
父母奖励费，分别只相当于城镇、农村违规生育家庭应缴社会抚
养费的 1/36—1/123 和 1/13—1/44；60 岁后的农村部分计划生育
家庭奖励扶助金只相当于缴纳社会抚养费的 1/14—1/25。本次调
查发现，部分基层群众对此颇有微词，有人甚至建议将征收的社
会抚养费用作计生奖励扶助金，真正做到"取之于民，用之于
民"。这说明，如何做到在征收社会抚养费与奖励扶助经费之间
（即"取"与"舍"之间）实现平衡，对于政策制定者、决策者
来说，仍是一个有待解决的重要问题。

（五）奖励扶助对象的年龄确定使其存在奖励回报"真空期"

农村部分计生家庭奖励扶助制度规定：在各地现行计划生育
奖励优惠政策基础上，对响应党和国家号召，只生育一个子女或
两个女孩，年满 60 周岁的农村夫妇，按每人年均不低于 600 元
（目前调整为不低于 720 元）的标准发放奖励扶助金。如果农村
夫妇按照婚姻法规定的年龄结婚生育，那么从他们领取独生子女
奖励费后到 60 岁领取奖励扶助金前，存在着 35 年左右的真空期。
在这段时间内，这些计生家庭虽已经为国家、社会做出了贡献，
但却没有得到相应的回报。我国长期形成的城乡二元结构使得城
乡的生活水平、社会环境以及医疗保健状况都存在明显差异，导

致了农村人口平均预期寿命较低的情况。例如：1982 年我国城乡人口平均预期寿命分别为 71.06 岁和 67.05 岁，2000 年分别为 75.21 岁和 69.55 岁，2009 年分别为 77.33 岁和 72.29 岁。如果按农村人口平均预期寿命 70 岁、一年 720 元的标准计算，这些农村计划生育夫妇只能拿到 7000—8000 元左右的奖励扶助金。这些奖励扶助金相对于目前的消费水平而言，其绝对量和相对值的含金量都明显偏低。

四、完善计划生育奖励和社会保障制度的政策建议

我国现行的计划生育奖励扶助与社会保障制度是为了保障计划生育国策顺利实施而制定的一种激励性政策，曾为我国经济、社会和人口的可持续发展发挥了重要作用。但是，时移世易，随着我国面向大众的普惠性社会保障制度的建立健全，计划生育奖励扶助与社会保障的优越性愈难显现，已难以适应新时期人口和计划生育形势的需要。因此，顺应时代发展，健全和完善计划生育奖励扶助和社会保障制度应是新时期计划生育的工作重点之一。

在实行普遍二孩生育政策条件下，健全和完善计划生育家庭奖励扶助和社会保障制度，需要重点做好以下工作。

（一）遵循"老人老办法，新人新办法"的原则

新的生育政策一旦施行，就涉及在独生子女政策下形成的计划生育家庭是否继续享受奖励与扶助等问题。本次修法重点修改了计划生育奖励扶助方面的内容，尤其把国家提倡一对夫妻生育一个子女期间获得《独生子女父母光荣证》作为奖励扶助的前置条件。这一修改说明，在未来的奖励扶助工作中，将坚持"新人新办法，老人老办法"以及对历史形成的计划生育家庭负责到底的原则。因为新修订的《人口与计划生育法》实施后，国家开始实施"全面两孩"政策，不再鼓励生育一个子女，亦不再发放《独生子女父母光荣证》。因此，已获得《独生子女父母光荣证》的夫妻，必然是新法实施之前的计划生育家庭，实现了"新人新办法，老人老办法"的原则。

（二）建立和实施分孩次的"育儿津贴"制度

《人口与计划生育法》修订后，已于 2016 年 1 月 1 日全面放开了二孩生育，以后一对夫妻生育两个子女将成为主流。而由于生育两个子女符合法律要求，同样属于计划生育家庭，对实行计划生育的夫妻给予奖励依然必要。但是，对多数人进行"奖励"却并不合适。因此，不宜再使用"奖励"一词。由于当今社会养育孩子需要投入大量成本，包括金钱与时间，为降低计划生育家庭抚养子女的负担，保障广大群众能够在政策框架内生得起、养得好，可以建立"育儿津贴"制度，对计划生育家庭养儿育女提供资金上的帮助。

发放"育儿津贴"的目的是减轻政策内生育的夫妻养育子女的负担，主要用于子女未成年之前。因此，"育儿津贴"实质上并不是给予计划生育家庭的奖励，而是给予家庭抚养未成年子女的补贴。一旦子女成年（超过18周岁）或未满18周岁死亡，便不再发放。

"育儿津贴"的具体标准可由国家相关部门制定实施细则，并根据社会经济发展状况实行动态管理。建立分孩次的"育儿津贴"制度，根据孩次的不同，给予不同数额的津贴。例如，在实行普遍二孩生育政策下，初期时，为保持适度低生育率，可以将第一孩次的"育儿津贴"设置得略高一些，第二孩次的津贴设置得略低一些；中期时，为适度提高二孩生育率，可以将第一孩次和第二孩次的"育儿津贴"设置为同样的数额；后期时，为大幅提高二孩生育率，可以将第二孩次的"育儿津贴"设置为高于第一孩次。

（三）取消晚婚晚育者特殊福利待遇

考虑到我国目前女性平均初婚年龄已经超过23周岁，并且仍有继续延迟的趋势，以及初育年龄过大不利于优生优育和母子健康的情况，不应继续提倡和鼓励晚婚晚育。在本次法律修改中，已经删除了第十八条"鼓励公民晚婚晚育"的规定，相应地，以后也就无需再给予晚婚晚育者延长婚假、生育假的奖励或者其他福利待遇了。但是，考虑到法律的连贯性和严肃性，在新法修订实施前的晚婚者，还是应当享受原法规定的各种相关福利待遇。

（四）增设丈夫照料产假

不断完善产假制度，实行更加优惠的计划生育家庭产假制度。对于实行计划生育的家庭，改变原来只面向女性的产假制度，在妻子怀孕、生育和哺乳期间，增设面向丈夫的照料假期，由夫妻自主决定具体的休假方式与时间，可以选择产前休、产后休、哺乳期休，也可以在夫妻之间进行调换。这一改革，既体现出对计划生育家庭的照顾，提升男性在生育中的责任意识，有利于更好地照顾产妇和婴幼儿身体健康，又可以实现与国际社会的接轨，将会倒逼我国现行《劳动法》做出修订。

（五）填补空档期，完善保障制度

在现行计划生育家庭奖励扶助制度实施中，还存在一个时间较长的受益空档期，从一定程度上影响这一制度的利益导向作用。消除计划生育家庭奖励扶助的受益空档期，主要是填补夫妻从领取《独生子女父母光荣证》到60岁这段时间没有奖励扶助的空缺，实现计划生育家庭福利保障制度与国家相关社会保障制度的无缝衔接。为解决这一问题，可以在制度设计上做如下改进：农村计划生育家庭在领取独生子女奖励费后至60岁前，可以考虑给予此类家庭每月或每年一定数额的奖励。至于奖励金的数额，可以根据财力状况确定。在这方面，部分省份已开始先试先行。如山西省规定，在享受原有计划生育奖励扶助政策基础上，政策覆盖人群可进一步延长受益时间，并且提高奖励扶助标准：农村独生子女父母从领证到60周岁，夫妻双方每人每月可领取 50 元的奖励扶助金；60 周岁后自动转接国家相关保障制度，直至亡故。这一规定填补了农村独生子女父母在子女 16 周岁到其 60 周岁之间享受奖励扶助政策的空白期，实现了与国家相关制度的对接，具有很好的借鉴意义。

完善计划生育家庭福利保障制度，一个十分重要的方面，就是在资金供给上改变单位分担的模式，取消由单位承担计划生育奖励扶助责任的做法，形成"国法保国策，国库保国法"的经费筹集机制，真正体现计划生育的国策地位。一方面，自 20 世纪 80 年代以来，经济高速发展，各级财政完全有能力承担这一经费。另一方面，实行计划生育的家庭少生孩子，在为国家做出重大贡献的同时，可能还要承受在生产、生活方面的困难以及孩子夭折、晚年无依靠等难以预测的风险，国家为这一人群提供优质福利保障符合民意。

（六）进一步完善国家层面的独生子女意外伤残或死亡家庭特别扶助制度

我国计划生育政策实施三十多年来，数以亿计的家庭为此做出了重大贡献与牺牲，其中包括一个特殊人群——独生子女发生意外伤残或死亡的计划生育家庭。伤残独生子女的照料、治疗问题，中（老）年丧子（女）的老来无依问题，为此类计划生育家庭的生活带来了巨大的物质困难和精神痛苦。对此，原法和新法第二十七款都做出了对这些家庭给予扶助的规定。原法内容为："独生子女发生意外伤残、死亡，其父母不再生育和收养子女的，

地方人民政府应当给予必要的帮助。"新法内容为："获得《独生
子女父母光荣证》的夫妻，独生子女发生意外伤残、死亡的，按
照规定获得扶助。"对照新法与原法不难发现，新法对实施扶助
政策的主体做了较大修改，虽然没有明确国家的主体地位，但将
"地方人民政府应当给予必要的帮助"修改为"按照规定获得扶
助"，实际上就已经隐含着国家承担责任主体的意思。如果能在
法律中更加明确地做出建立针对独生子女发生意外伤残、死亡家
庭特别扶助制度的规定，那么为独生子女发生伤残或死亡家庭提
供特别扶助，给予这些家庭经济上的帮扶和精神上的慰藉，使这
些家庭的生活水平至少不低于当地平均生活水平，就有了具体的
法律依据。

（七）注重普惠政策与特惠政策的有机结合

普惠性社会福利政策的对象是全体公民，体现的是对弱势群
体的照顾和社会公平；计划生育奖励扶助政策的对象是计划生育
家庭，体现的是对响应和执行国家政策的公民的特殊照顾。所
以，普惠性社会福利政策只能起到"包底"作用，不应对计划生
育奖励扶助政策产生冲击作用。在完善计划生育奖励扶助制度工
作中，一方面，应当高度重视顶层设计，不断完善制度体系，实
现计划生育奖励扶助制度和其他制度的统筹与衔接。尤其是制
定、修订和实施普惠性社会福利政策时，应注意规避任何形式的
对奖励扶助政策和计划生育工作的冲击和不利影响，充分考虑计
划生育家庭的利益，将普惠性社会福利政策与计划生育奖励扶助

政策结合起来，使计划生育家庭能够在"普惠"基础上享受"特惠"，即设定一个普惠政策基准值，按政策生育的家庭可以按普惠政策的基准值乘以一个大于1的系数享受扶助资金。

另一方面，应当尝试将计划生育奖励和社会保障制度与目前实施的城乡居民社会养老保险制度和新型合作医疗制度有机结合起来，通过提高城乡居民社会养老保险中的基础养老金和中央财政对"新农合"的补贴，提高计划生育家庭的老有所养和老有所医水平。

（八）鼓励发展人口和计划生育商业保险

在建立和健全基本社会养老保险、基本医疗保险、生育保险和社会福利等社会保障制度，以及对计划生育家庭参加各种社会保险给予优惠，保障按生育政策生育的夫妻和个人经济权利的基础上，国家应当鼓励保险公司举办有利于计划生育的各种形式的保险项目，加大政策支持和倾斜力度，例如，将参加计划生育商业保险的资金数额计入免税计征的范围，缴完商业计划生育保险项目之后的收入作为课税标准等，这样的做法就可以吸引更多的计划生育家庭参加商业保险。

（九）简化奖励扶助制度受益对象的确定手续

针对计划生育奖励扶助受益对象确定手续烦琐复杂的问题，可适当简化操作流程，并逐步以法规的形式固定下来：第一，由符合条件的计生户提出申请，村（居）民委员会把关后上报；第二，乡镇（街道）计生办审查、确认收到的材料并上报；第三，县（市、区）卫生计生部门审核并批准。具体实施中，村（居）、乡镇（街道）及县（市、区）三级组织分别在"材料""政策"和"资金"方面负责把关，村（居）民委员会主要负责对计生户提交材料的真实性进行把关。计生户准备的相关申请材料，须经村（居）民委员会调查、核实、公示，确认真实无误后提交乡镇（街道）计生办。作为最了解计生户基本情况的村（居）级组织，面对一些文化程度较低的计生群众，还可以帮助他们准备材料，解决其具体困难。乡镇（街道）计生办主要是在政策方面把关，即对由村民委员会提交的申报材料在是否符合政策、具体符合哪种奖励扶助政策以及奖励扶助金额的多少等方面进行审核。县（市、区）卫生计生部门主要负责奖励扶助金的筹措、管理、发放以及监督等工作。

相关的审核和监督工作，可以借助于目前国家现有的人口宏观管理与决策信息系统（PADIS）和育龄妇女信息系统（WIS）两大系统实现。该两大系统主要功能是利用采集的人口计划生育个案信息建立人口数据库，利用数据库的个案信息实施流出地与流入地的信息互通和共享，构建以现居住地为主、户籍地和现居住地共同配合的服务管理新机制。

第 六 章

加强计划生育技术服务工作研究

《人口与计划生育法》颁布实施以来，计划生育技术服务工作在有效落实计划生育政策、控制人口数量、提高人口素质、稳定低生育水平、缓解人口对资源环境压力等方面发挥了不可替代的作用，特别是在提高人民健康水平、维护人民健康权益方面做出了积极贡献。但是，随着社会经济文化的发展，人民健康需求日益多元化，生殖健康服务需求增加，服务人群范围扩大。面对新形势，计划生育技术服务迫切需要在诸多方面进行改革创新，并通过立法途径，保证计划生育技术服务工作更加规范，有法可依，把提升服务质量、提高群众健康水平作为重要目标。

一、研究背景

十几年来，我国的人口形势发生了很大变化，计划生育工作重心和管理思路、管理手段发生了很大变化，这就要求计划生育服务方面的相关法规做出相应的调整与完善。

（一）计划生育管理思路发生变化

面对新情况、新问题，迫切需要计划生育管理工作者能够肩负起统筹人口与发展关系的重任，进一步深化人口服务管理制度改革，加快建立有利于促进人的全面发展的体制机制。

1. 政府在计划生育工作中的职能从管控向服务转变

2015年3月5日李克强总理在政府工作报告中强调，要"加强重大疾病防控，积极发展中医药和民族医药事业，推进计划生育服务管理改革。健康是群众的基本需求，我们要不断提高医疗卫生水平，打造健康中国"。

报告提到的"计划生育服务管理改革"，就是要求在计划生育工作中，政府由严格的行政管理职能向指导与服务职能转变，把重点放在为公众提供优质服务上，并在教育、医疗、卫生、就业、保险等领域促进人口长期均衡发展，实现从人口大国走向人力资源强国的宏伟目标。

《人口与计划生育法》实施后的15年里，人口服务管理制度虽不断改革，但随着社会经济文化的快速发展，特别是人口形势的巨大变化，还是出现了诸多不适应的问题。各地为了适应新形势，增加了不少服务项目，创造了许多新的做法，但由于缺乏全国统一的规范，一直未能实现真正意义上的服务均等化，提高服务水平、增进生殖健康等方面的工作进展缓慢。

从社会管理层面看，我们正在经历从建设型政府向服务型政府的过渡，计划生育管理也应顺应形势，由管控型向服务型转变，这种转变首先应该体现在不断强化计划生育技术服务职能、加强计划生育技术服务平台建设、提高计划生育技术水平上。

2. 计划生育工作从数量控制向数量、质量并重转变

2014 年我国人口出生率为 12.37‰，比 2000 年下降了 1.66 个千分点；由于人口出生率下降，导致人口自然增长率从 2000 年的 7.58‰ 下降到 2014 年的 5.21‰。与此同时，城乡居民的生育观念发生了较大转变。根据国家卫计委 2013 年 8—9 月在 29 个省的调查（有效问卷 63417 份），20—44 岁育龄人群的平均理想子女数为 1.93 个，比 2002 年城乡居民生育意愿调查时的意愿生育子女数少了 0.11 个，城乡居民生育意愿呈现下降趋势。

人口形势的这些变化必然要求计划生育工作的重点做出必要调整。

我国新时期计划生育的主要任务已经从数量控制转向数量、质量并重。这一转变，要求在稳定适度低生育水平的同时，努力提高人口素质，包括提高出生人口素质。通过计划生育优质服务，降低出生缺陷发生率、婴儿死亡率、孕产妇死亡率等，为发

展社会生产力提供高素质的劳动力。广泛开展生殖健康服务，大力推广优生优育技术，有利于有效提高出生人口素质，促进婴幼儿健康成长；另外，也有利于保证国民的生殖系统健康，提高健康水平和生活质量。为了深入开展生殖健康服务，我国先后启动了"避孕节育优质服务""出生缺陷干预"等一系列重大举措，对提高人口健康素质起到了积极作用，强化了国家在人口管理方面的责任意识和以人为本的管理理念。

3. 更加强调尊重人的权利

计划生育是一项造福于民的事业，其成功与否很大程度上取决于人们对它的认识和接纳程度。在坚持计划生育基本国策、提倡按政策生育的同时，还应该强调人民群众在计划生育中的主体地位和应当享有的权利。得到安全、有效的计划生育技术服务是公民最基本的权利，尊重公民权利，不断强化服务意识，是计划生育事业持续、健康发展的动力源泉。

强调寓管理于服务之中是计划生育管理理念的重大变革，其核心是通过提供计划生育优质服务，促进群众健康水平，赢得群众对计划生育的理解和支持。计划生育优质服务是在以人为本和稳定低生育水平的双重背景下提出来的，其思想基础是尊重人民群众在计划生育中的主体地位，全心全意为人民服务，增进群众的生殖健康。它要求以群众需求为出发点，努力提高技术水平和服务能力，不断改进服务方式和服务态度，全面提高服务质量，最大限度地满足广大群众的计划生育需求。

（二）提高出生人口素质问题引起高度重视

我国现阶段，无论是家庭还是国家，都十分重视人口素质提高，尤其是优生优育和出生人口素质。但是，现有的计划生育技术服务内容还不足以满足提高出生人口素质的需要，近年来，出生缺陷发生率一直居高不下的情况就证明了这一点。要实现《国家人口发展"十二五"规划》提出的"着力提高人口素质，加快人口大国向人力资源强国转变"的目标，就必须进行技术服务创新，进一步建立健全国家免费孕前优生健康检查制度和全国产前诊断网络，不断推进新生儿疾病筛查、诊断和治疗工作，大力开展出生缺陷发生机理和防治技术研究，努力降低孕产妇和婴儿死亡率。这些方面是提高出生人口素质的重要基础性工作，但从目前开展状况看，还存在诸多缺陷，需要进一步强调，并在法规政策调整完善中加以明确和保障。

（三）计划生育服务需求日益多元化

随着社会经济的不断发展和人民群众生活水平的不断提高，广大群众对计划生育服务提出了更多、更高的要求。

1. 避孕为主，知情选择

尽管我国开展计划生育工作、确立"以避孕为主"的方针已有三十多年的时间，《人口与计划生育法》第十九条也明确规定："实行计划生育，以避孕为主""国家创造条件，保障公民知情选择安全、有效、适宜的避孕节育措施"，但不论城乡，非意愿妊娠的比例依然很高。究其原因，主要在于一些人对避孕知识和避孕方法缺乏足够的了解，不能根据自身的实际情况，选择最适宜的避孕方法。

任何一种节育方法都有其优缺点，不同的生理机能和身体状况等均可能造成某种节育方法的不适应，如果盲目使用，轻则可能造成避孕节育措施失败，重则可能导致意外身体伤害。因此，计划生育技术服务人员应采取多种措施、多种途径和多种方式，大力宣传和普及计划生育知识及节育方法，把科学知识及节育方法特别是各种节育方法的禁忌症、副作用及优缺点等告知育龄群众，使育龄群众能够充分理解和正确掌握避孕节育知识，这是实行"知情选择"的重要基础。

多年来的计划生育实践证明，长效避孕措施是已经完成生育，并且不再打算生育或者法律上不再允许生育的育龄夫妇选择避孕节育方法的最佳措施，不仅可以有效避孕，也不会对育龄夫妇的健康造成危害。计划生育技术服务人员有责任向育龄夫妇解释长效避孕措施的优越性，国家应该采取措施鼓励不再生育的夫妻主动采取长效避孕措施。然而，国家鼓励不再生育子女的夫妇选择长效避孕措施，在目的性上已经不像20世纪八九十年代那样仅仅作为一种一劳永逸的避孕节育方法，而是更强调在预防和减少非意愿妊娠、保护育龄妇女身心健康中的作用。

2. 生殖健康服务需求增加

开展生殖健康服务，一方面，对健康人群提供咨询和指导，提高其自我保健意识和健康水平；另一方面，对患生殖系统或其他系统疾病的育龄群众，采取针对性措施，给予就医指导和治疗，解除其病痛，帮助其选择适宜的节育方法。要相信育龄群众、尊重育龄群众，特别是尊重育龄群众在选择避孕节育方法上的自主意愿，即保证育龄群众的"选择权"。

广大群众在生殖健康服务需求方面越来越呈现出多元化的特点，不仅有避孕节育方面的需求，也有解决不孕不育、实现生育目的的需求；不仅有得到科学、有效的生殖健康知识的需求，也有得到生殖保健和意外妊娠救助的需求。

3. 辅助生殖技术发展迅速

尽管辅助生殖技术的研究与应用在我国起步较晚，但发展却十分迅速，无论是人工授精技术还是体外受精技术及其衍生技术的研究和应用，都取得了突破性进展。为了规范辅助生殖技术的健康发展，卫生部先后颁布了《人类辅助生殖技术管理办法》《人类精子库管理办法》《人类辅助生殖技术规范》《人类精子库基本标准和技术规范》《人类辅助生殖技术和人类精子库伦理原则》等规章制度，但是，由于我国辅助生殖技术的发展速度远远超出立法步伐，原有的相关法律法规已难以对此项技术的应用进行有效、全面的规制，致使滥用辅助生殖技术的现象普遍存在。[①]

世界许多国家辅助生殖技术产业化、商业化运作已渐成规模。据不完全统计，到 2002 年，全球精子出口的交易额达到 1 亿美元，美国精子库行业获得了大约 40 亿美元的收入。[②] 在我国，

---

① 参见李润华：《辅助生殖技术的刑法学审视》，《福建警察学院学报》2012 年第 6 期。
② 参见卢启华：《医学伦理学》，华中科技大学出版社 2006 年版，第 215 页。

现行的《人类辅助生殖技术和人类精子库伦理原则》明确规定了辅助生殖技术和人类精子库要严防商业化运作，即不能受经济利益驱动而滥用辅助生殖技术。然而，近年来辅助生殖技术商业化运作的趋势逐渐凸显。

不孕不育症是临床上的常见病症之一，其发病率约占育龄妇女人数的8%—17%，平均为10%左右，且呈逐年上升趋势。[①]不孕不育症发病率如此之高，意味着很多家庭不能通过自然生殖的办法生育子女，以至于很多家庭不得不选择辅助生殖技术实现生育子女的目的。目前，有些辅助生殖技术尚不成熟或供给量有限，不能满足群众需求；有些则涉及伦理问题，备受争议和诟病；还有一些是法律所不允许的，比如代孕，就是我国现行法规明令禁止的。这也导致一些人铤而走险，为获取高额收益，不惜做出违法勾当，黑代孕案件层出不穷。虽然本次提请人大常委会审议的修正案草案中"禁止买卖精子、卵子、受精卵和胚胎，禁止以任何形式实施代孕"的条款未获通过，但并不是说这一规定完全没有必要，而是由于代孕问题非常复杂，现在上升到法律层面还不够成熟。为了既高度重视代孕问题，又填补法律空缺、满足现实需求，可以在现有规章制度基础上，在法律允许的范围内，明确规定只能由计划生育服务部门对有需求的育龄夫妻提供严谨、规范、科学的辅助生殖服务，最大限度地满足不孕不育症

---

① 参见肖红梅、钟群、卢光琇：《不孕症相关因素及病因分析》，《国际病理科学与临床杂志》2007年第2期。

家庭的生育需求。当然，也要注重制度建设，不断完善相关制度，杜绝一切以盈利为目的的违法犯罪行为。

二、计划生育技术服务工作取得的成就

《人口与计划生育法》中关于计划生育技术服务的条款共6条，涉及优生优育、避孕节育、生殖健康、禁止"两非"等内容，服务人群涵盖了全体公民，但其重点服务人群还是"育龄夫妻"。

（一）为生育调节提供了技术支持

我国的计划生育技术服务机构自成立之初就秉承"控制人口数量，提高人口素质，保障公民生殖健康权利"的宗旨，积极开展计划生育技术指导和咨询工作，开展与计划生育有关的临床医疗服务。已经开展的服务工作主要包括：生殖健康科普宣传、教育、咨询；避孕和节育的医学检查；实施避孕、节育手术和输卵（精）管复通手术；计划生育手术并发症和计划生育药具不良反应的诊断治疗；开展围绕生育、节育、不育的其他生殖保健项目；等等。这些工作的开展不仅为生育调节提供了技术支持，也为提高人口素质起到了不可替代的作用。可以这么说，没有计划生育技术服务，我国就不可能在控制人口增长方面取得举世瞩目的成就，孕产妇死亡率、婴幼儿死亡率、出生缺陷发生率就不会下降到目前如此之低的水平。

（二）较好地确立了计划生育夫妇的主体地位

计划生育技术服务的意义不仅仅是做好计划生育工作，还包括为育龄夫妇提供周到细致的生殖健康服务。《人口与计划生育法》第十九条规定：国家创造条件，保障公民知情选择安全、有效、适宜的避孕节育措施。实施避孕节育手术，应当保证受术者的安全。

国家人口计生委自 2000 年在全国范围内开展的人口和计划生育综合改革，其中有一项重要内容，就是要求在避孕节育方法的使用上实行"知情选择"，即通过宣传工作，使育龄夫妇能够了解各种避孕方法的适用范围和优缺点，由育龄夫妇根据其生育需求和健康状况，正确选择最符合其实际需求的避孕措施。这是计划生育工作方法的一次重大变革，其最主要的目的就是尊重和体现育龄夫妇在计划生育中的主体地位，相信群众具有在掌握科学避孕节育知识基础上做出正确选择的能力，减少由"一刀切"造成的对部分育龄夫妇身心健康的损害。

"知情选择"是"知情"和"选择"的总称，"知情"是前提，"选择"是结果。它要求计划生育行政主管部门和技术服务机构在动员育龄群众落实避孕节育措施时，不是采取强硬手段和"一刀切"的方式，而是把宣传做到家，把工作做到位，最终由育龄群众自己做出选择，只要群众选择的避孕节育方法安全有效，就应该满足他们的意愿。保证群众的"知情选择"权利，满足群众的避孕节育要求，可以最大限度地防止非意愿生育，提高育龄群众的生殖健康水平，体现社会的文明和进步。

实行"知情选择"，使计划生育工作发生了巨大变化。这种变化，对政府而言是角色的变化——由管理者变为服务者；对群众而言是地位的变化——由被动的接受者和被管理者变为主人，由被限制变为自我约束。这种变化还促进了基层医疗卫生事业的发展，提高了群众对生殖健康的重视程度。

（三）促进了育龄妇女的生殖健康水平提高

为了依法加强对计划生育技术服务工作的管理，规范从事计划生育技术服务工作的机构和人员的行为，提高技术服务质量，保障人民群众的生殖健康权利，2001 年 6 月 13 日国务院颁布了《计划生育技术服务管理条例》，同年还颁布了《计划生育技术服务管理条例实施细则》；2004 年进一步对《计划生育技术服务管理条例》进行了修正。

在保障公民生殖健康权利方面，《计划生育技术服务管理条例》做出了明确规定：要求计划生育技术服务部门"向公民提供的计划生育技术服务和药具应当安全、有效，符合国家规定的质量技术标准"（第十三条）；"从事计划生育技术服务的机构施行避孕、节育手术、特殊检查或者特殊治疗时，应当征得受术者本人同意，并保证受术者的安全"（第十七条）；"国家向农村实行计划生育的育龄夫妻免费提供避孕、节育技术服务"（第三条）。国务院领导同志多次强调，对农村实行计划生育的育龄夫妇提供计划生育技术基本项目服务，不能收费，不能因此加重农民负担。《计划生育技术服务管理条例》还突出了向农村倾斜、向西部倾斜的方针，并规定了相应的保障措施。这一系列措施的实施，不仅促进了人口管理目标的实现，得到了群众的广泛赞誉，也促进了育龄妇女生殖健康水平的提高。特别是农村育龄妇女，更是从这些政策措施中受到了更多的照顾，得到了更多的好处。

《人口与计划生育法》第三十条规定："国家建立婚前保健、孕产期保健制度，防止或者减少出生缺陷，提高出生婴儿健康水平"；第三十一条规定："各级人民政府应当采取措施，保障公民享有计划生育技术服务，提高公民的生殖健康水平"。在《人口与计划生育法》和《计划生育条例》的保障下，妇女和儿童的健康权利得到了较好的维护。2013 年与 2001 年相比，我国的住院分娩率由 76% 上升到 99.5%，孕产妇死亡率由 50/10 万降为 23.2/10 万，婴儿死亡率由 30.0‰ 下降到 9.5‰。

总之，计划生育技术服务工作较好地保障了公民个人权利与国家利益的统一。

三、计划生育技术服务工作存在的问题及面临的困境

虽然《人口与计划生育法》的颁布实施在诸多方面取得了巨大成就，但由于时代的发展与进步，其局限性也逐渐暴露出来。于计划生育技术服务方面主要体现在以下四个方面。

（一）群众认可和接纳的程度还不够高

由于以往计划生育技术服务的目的就是服务于人口数量控制，所以，针对农村育龄妇女的查环查孕、"四术"服务等虽为惠民措施，却使广大育龄群众产生了抵触情绪。虽然近年来人口和计划生育管理理念逐渐得到转变，倡导并实施寓管理于服务之中的工作模式，从过去的数量控制转变为现在的服务于健康，但老百姓似乎并不"买账"，认可度不高、主动接受服务不多的问题仍较突出。

我国的计划生育技术服务很多项目都是免费提供，例如提供给农村育龄妇女的两癌检查和生殖健康检查，对女性疾病的早期诊断、早期治疗等，都有着积极的正面效应，但由于宣传力度不大，很多人对免费项目了解不够，总觉得健康检查是个幌子，目的还是查环查孕，因此，态度上不积极，甚至产生排斥心理，严重影响到她们的参与兴趣和参与率。当然，也不排除个别地方的医疗机构打着计划生育服务的幌子，增设一些价格高昂的检查项目，影响计划生育服务机构的声誉，造成了不良影响。

以上因素常常使得计划生育技术服务陷入被动，离寓管理于服务之中的工作模式还有相当大的距离。

（二）青少年生殖健康服务缺乏规范性指导

前文已经分析了青少年生殖健康教育和生殖健康服务的重要性，以及这项工作较为薄弱的社会现实，但是，如何开展好这项工作仍然缺少制度上的规范和实践上的经验。很多省市卫生计生技术服务机构、非政府组织等，虽然也都在这方面做出了一些尝试，但真正能够一以贯之加以推行，并上升为可供借鉴的成功经验模式还未形成，这就给依法实施青少年生殖健康服务带来了一定的困难。

（三）流动人口计划生育技术服务难度大

以往管理型的人口控制模式是与计划经济相适应的，它以最大限度地控制人口流动和降低生育水平为目的。改革开放后，大规模的人口流动使这种人口管理模式面临前所未有的挑战与冲击。这也是计划生育领域把流动人口管理视为最大难题的原因所在。

流动人口管理一直都是计划生育工作的重中之重，实际工作中面临重重困难，对流动人口的计划生育服务也是如此。近年来，我国在流动人口信息网络建设方面取得了很大成就，但是，即便健全了网络平台，在人口流动性日益增强的情况下，其信息也很难做到及时更新，开展跟踪服务更是难上加难。只有使流动人口能够认识到技术服务的必要性和重要性，对计生服务有足够的信任度，主动寻求服务，才是提高流动人口计划生育技术服务的破题之举。要实现这样一个认识上的飞跃，确实还有较大的难度。从计生服务提供者的角度而言，所能做的，只有加强宣传倡导，提高服务意识，注重服务质量，以高质量的服务换得流动人口的信任。

（四）计划生育协会的作用尚未充分发挥

计划生育协会自成立之初便以引导、动员和支持群众自我教育、自我管理、自我服务，自觉实行计划生育、积极开展生殖健康服务为宗旨，配合党和政府组织广大会员开展群众性宣传工作，普及生殖保健、计划生育等科学知识和信息，倡导科学、文明、健康的婚育观念，提高群众实行计划生育的能力和水平，现已成为我国计划生育、生殖健康领域最大的群众团体和实行计划生育的一支重要生力军。遍及全国城乡的 8300 多万名计划生育协会会员，充分发挥各自的优势与特长，在传播计划生育和生殖健康知识，为群众提供避孕、优生、优育、健康、生产和生活技能服务等方面起到了重要作用。当然，这种作用还有更大的发挥空间，在青少年生殖健康教育和服务、对超出育龄期的人群开展生殖健康服务方面都可以有更大的作为。

四、加强计划生育技术服务工作的对策建议

卫生部与国家人口和计划生育委员会合并后，计划生育技术服务机构将成为卫生资源的一部分，不仅有利于实现服务资源的优化配置，提高技术服务水平，促进群众生殖健康，而且有利于更好地推进优质服务和知情选择，提升避孕节育效果。为了能够更好地发挥政府的服务职能，进一步做好计划生育技术服务这一涉及面广、群众性强的工作，还应努力做好以下几点。

（一）以人口管理体制变革带动技术服务创新

计划生育技术服务是人口管理的有机组成部分，其变革必然要在人口管理体制变革的框架下实现。以往管控型的人口管理，起始于人口登记，延展于人口统计，落实于人口管制，其业务不便于包容更为多样的人口管理内容。[①] 在深化改革的大背景下，服务型管理体制正在逐步取代管控型管理体制，其职能设计必须能够与人口发展相关的所有公共服务领域相衔接。唯有这样，计划生育技术服务工作才可以充分开展。

提高人口素质，特别是提高出生人口素质，的确不是计划生育技术服务机构一家可以完成的，需要各级政府、多个部门的协同配合。建议教育部门编制教案，培训师资，在中小学开展人口国情和青春期健康教育，使中小学生从小受到人口国情、基本国策、计划生育、优生优育、生殖健康等内容的教育，同时还可以通过他们起到教育家长的目的；建议民政部门鼓励办理结婚登记的青年进行婚前医学检查，对患有医学上认为不应结婚疾病的不予办理登记手续，对患有医学上认为不利于优生疾病的提出先治病、后怀孕或只结婚、不生育的建议；卫生部门则应更多地承担起孕前、孕期、产前优生健康检查和向孕产妇提供基本公共卫生服务的职能，做好优生优育和生殖健康服务工作。

---

① 参见国家人口计生委课题组编：《人口服务管理体制探讨》，世界知识出版社 2012年版。

（二）不断完善生殖健康服务体系

《人口与计划生育法》第十三条提出，"国家建立婚前保健、孕产期保健制度，防止或减少出生缺陷，提高出生婴儿健康水平"，以此为指导建立的覆盖城乡的产前检查制度，对提高出生人口素质起到了积极作用，特别是大幅度提高了住院分娩率，降低了孕产妇和婴儿死亡率。但是，模糊的"国家建立"婚前保健制度，随着强制婚检制度的废止，其被重视程度受到很大影响，甚至在一些人的眼中成为可有可无的事情，孕前—围孕期保健（出生缺陷一级预防）在很多地方也是名存实亡。孕前健康检查改为非强制性和非必需的结婚登记环节后，多数人嫌麻烦或者有心理负担，不愿接受孕前健康检查。之所以如此，主要是存有侥幸心理，觉得生育残疾儿的概率很小，怎么也不会落在自己头上。正是由于出生缺陷一级预防工作不到位，很多原本可以避免的出生缺陷却没有避免，导致出生缺陷发生率升高，出生缺陷儿增加。根据河北省妇幼保健中心的统计数据，在实行强制婚检制度的 2002 年，全省婚前健康检查比例曾达到 88.10% 的较高水平，当年的出生缺陷发生率为万分之 78.82。2003 年取消强制婚检制度后，婚检率快速下降，2005 年曾下降到 1.16% 的极低水平。近年来，通过深入广泛的宣传教育以及采取政府买单的方式，婚检率逐年上升，2014 年升高到 17.96%，但出生缺陷发生率仍高达万分之 101.58。婚前健康检查率下降和出生缺陷发生率升高的情况，从反向说明了婚前健康检查对于减少出生缺陷、提高出生人口素质的重要意义。

孕期医疗保健服务方面的问题主要在于，实际操作中，孕检从怀孕第 13 周才开始，由于这个时间太晚，以至于贻误了出生缺陷的早期发现和早期干预。一般地，怀孕 1—12 周被称作"孕早期"，相应的检查项目只有血常规、尿常规、白带和梅毒筛查。每 4 周 1 次的孕检从第 17 周才开始，但事实上怀孕 3—8 周是致畸因子高度敏感期，此时大部分出生缺陷已经形成，可见孕检时间前移的必要性。

应该说，现在人们对孕期保健还是比较重视的，也形成了较为健全的服务体系。然而，要大力提高出生人口素质，还是应当建立健全从婚前健康检查到孕前优生健康检查、孕前和孕期医疗保健服务，到产前筛查和产前诊断，再到新生儿疾病筛查的全过程、全方位的服务体系。此外，建立生殖健康服务体系还应加强专业化队伍建设，提高服务人员业务素质，增强服务人员服务能力。

（三）杜绝"两非"的医学源头

"两非"现象的存在根源在于人们的重男轻女思想，除此之外，最直接的因素就是医务人员对权力的滥用，明知不可为而为之，或者变相为之。有的正规医疗机构在常规孕期检查时或明确告知，或暗示胎儿性别；有的个体诊所或医师更是肆意妄为，把胎儿性别鉴定作为牟取暴利的手段。究其原因，有的基于人情关系，有的则是追逐利益。为了杜绝"两非"，除了认真贯彻落实《人口与计划生育法》中的"两个严禁"之外，还应当加强对医护人员的职业道德和自律教育。只要杜绝了"两非"的医学根源，即使一些夫妇有"两非"的意念，也只能想想而已。

（四）推进基本公共服务均等化

我国的人口管理，正在实现以户籍地为主的管理模式向以居住地为主的管理模式的转变，逐步取消了对流动人口的各种限制，计划生育技术服务也应顺应潮流，做出相应的转变。为此，需要着力做好流出地与流入地的信息交流与跟踪服务工作，努力实现人口流出地与流入地相关公共服务的无缝对接，实现基本公共服务均等化。

（五）开展经常化、规范化、科学化的生殖健康服务活动

现阶段我国的人口形势已经发生重大变化，人口与计划生育工作的主要任务已转向稳定适度低生育水平、提高出生人口素质、优化人口结构。计划生育技术服务工作也要相应地从过去简单的"四术"服务向为群众提供节育、生育、不育和生殖保健综合服务的方向转变。

随着人民生活水平的提高，群众对生殖健康服务的要求越来越高。为适应群众对生殖健康服务需求的变化，应该在计划生育技术服务经常化、个性化、针对性方面多做文章，并将提升服务质量放在重要位置，注意调动相关综合医疗机构的积极性，利用节假日或其他机会，为群众提供避孕节育、生殖健康方面的咨询和服务。一般来说，综合医疗机构技术力量雄厚，有能力解决生

殖健康方面的疑难杂症，满足特殊人群的特殊需求，因此，应发挥综合医疗机构的作用，不断提升生殖健康服务质量。

（六）进一步明确和尊重群众在计划生育中的主体地位

如前文所述，由于以往的计划生育服务基于数量控制的目的，将群众视为被管理的对象，缺乏对育龄人群的信任和关怀，管理手段不够人性化，造成了群众对服务项目缺乏信任感和参与热情不高的问题。计划生育工作经历了艰难的历程之后，逐渐厘清了计划生育管理的真谛，那就是确立群众在计划生育中的主体地位，信任与尊重群众是计划生育工作走上科学管理轨道的重要条件。

计划生育协会是群众自我管理的一个平台，体现了群众在计划生育工作中的主体地位。近年来，计划生育协会在组织群众自我教育、自我管理、自我服务方面发挥了重要作用。协会经常组织志愿者到群众中调查计划生育工作存在的问题，了解群众的计划生育需求，向政府及其工作人员提出建议；普及优生优育科学常识，讲授计划生育、生殖健康、儿童教育及生产生活知识等。这些活动旨在帮助群众解决实际困难，提高对计划生育的认识程度，创造一个自觉自愿实行计划生育的社会氛围。

我国的计划生育实践证明，只有信任和尊重广大群众，才能提高群众实行计划生育的自觉性、主动性和积极性。群众的认识水平提高了，提倡一对夫妻生育两个孩子、计划生育优质服务、提高出生人口素质等也就具备了坚实的群众基础和良好的社会条件。

（七）进一步加强青少年服务

基于对青少年性健康教育重要性的认识，我国部分计划生育协会尝试开展了青少年性健康教育进校园的活动。例如 2011 年，由天津滨海新区汉沽人口计生委、计生协联合教育、体育、公安、共青团、妇联、疾控中心等部门共同创建了"青苹果家园"。这是一支由长期从事青春期性健康和心理健康服务的专家和志愿者组成的服务机构，专门对广大青少年的成长进行指导，解决他们在青春期遇到的各种困惑和烦恼。"青苹果家园"的活动，在促进青少年从小养成良好的心理素质和行为习惯、从容面对青春期生理和心理问题、降低心理疾病发生率和未成年人犯罪率等方面，均发挥了积极作用。但是，这些活动在实用性、科学性、长远性及个性化等方面还不够完善，还没有达到可以普遍推广的程度。

我国缺少对青少年进行性健康教育的成功经验，但是我们可以向在青少年性教育方面取得成功经验的国家学习。例如，与我国相邻的日本，就提供了很好的经验。

日本的青少年性健康教育非常重视教育的社会性，注重让青少年知道自己生命的珍贵，使他们在了解关于性的科学知识的同时，理解性的作用和男女关系的应有状态，使青少年对社会上的性问题有一个正确的认识，培养他们审视性文化和性道德的能力，使其形成社会人的素质。日本的青少年性健康教育还特别注重培养青少年的自我控制能力，帮助他们科学理解身体和心理上的变化，培养他们正确控制性欲望的能力，使青少年理解性行为的手段和对待性冲动的方式。由于文化渊源的相近，日本的经验对我们而言有很大的借鉴价值，具有较强的操作性。在青少年性健康教育问题上，必须注重科学性和社会性，尊重青少年的主体意识，引导青少年健康发展。

目前，一些青少年对情感和爱情缺乏正确的认识，对性健康和性知识缺乏必要的了解，再加上责任意识不强，同居、意外怀孕时有发生，中学生意外怀孕的情况也有增多趋势。一些女孩子意外怀孕之后，不知道该向谁求助，有一些人试图通过残害身体或剧烈运动的方式，达到自然流产的目的；有的任由孩子出生，甚至选择遗弃或出卖亲生骨肉，走上犯罪道路。这些情况的发生，不仅严重伤害到青少年的身心健康，还带来了社会问题。

要想杜绝此类事件发生，就必须加强青少年性健康教育，帮助他们树立正确的价值观，形成自我保护意识。对于意外怀孕的青少年，应当在救助上及时跟进。在这方面，可以借助卫生计生部门的技术力量，采取青少年能够接受的、能够充分保护个人隐私的方式开展救助工作；也可以接受热心于公益事业的非政府组织的介入，充分发挥他们在救助方面的优势。总之，这项工作应当以立法的形式加以规范，并建立健全救助网络，做好救助工作。

第 七 章

计划生育法律责任完善研究

《人口与计划生育法》及其他相关法规政策和地方性法规的颁布实施，构建了适应社会主义市场经济要求的人口与计划生育法律体系基本框架，标志着人口与计划生育工作全面进入依法管理、优质服务新阶段。[①] 随着经济社会形势和人口计划生育形势的发展变化，计划生育法规政策也必须进行相应的调整和完善。

一、研究背景

（一）不断完善人口与计划生育法规是全面推进依法治国方略的客观要求

2014 年 10 月 23 日，党的十八届四中全会通过的《中共中

[①] 参见张维庆：《为全面建设小康社会创造良好的人口环境》，《人口与计划生育》2003 年第 1 期。

央关于全面推进依法治国若干重大问题的决定》指出："全面建成小康社会、实现中华民族伟大复兴的中国梦，全面深化改革、完善和发展中国特色社会主义制度，提高党的执政能力和执政水平，必须全面推进依法治国。"《人口与计划生育法》颁布初期，北京大学张纯元教授曾做出这样的评价："这次《人口与计划生育法》的颁布、实施，推进了我国的法制建设，对逐步实现法治国家的目标具有重大意义。因为《人口与计划生育法》涉及每个公民的切身利害，与社会所有机构或单位都有关系，原属基本国策作用范围，其主体是国家的主人。要实现法治国家，这个领域的立法是不可或缺的。否则，全方位的法治国家目标难于实现，弄不好'两种生产'会失去平衡，社会也难于实现长治久安，其他两个基本国策曾作用过的范围的立法（《环保法》和《土地法》）也难于顺利执行。"① 所以，人口治理的法治化是依法治国重要方略的固有组成部分，而根据形势变化不断完善《人口与计划生育法》及相关法规，也是推进全面依法治国的客观要求。

1. 依法治国方略的提出为不断完善人口与计划生育法规确立了总体目标

依法治国的总目标规定："全面推进依法治国，总目标是建设中国特色社会主义法治体系，建设社会主义法治国家。这就是，在中国共产党领导下，坚持中国特色社会主义制度，贯彻中国特色社会主义法治理论，形成完备的法律规范体系、高效的法

---

① 张纯元：《稳定低生育水平的法律保障——学习〈人口与计划生育法〉的初步体会》，《人口与计划生育》2002 年第 3 期。

治实施体系、严密的法治监督体系、有力的法治保障体系，形成完善的党内法规体系，坚持依法治国、依法执政、依法行政共同推进，坚持法治国家、法治政府、法治社会一体建设，实现科学立法、严格执法、公正司法、全民守法，促进国家治理体系和治理能力现代化。"这样的目标明确了党和政府的责任义务，也为修订和完善《人口与计划生育法》及相关法规确定了目标，即通过科学立法、公正执法，进一步推动计划生育法治建设，推进人口治理的法治化和现代化，促进人口长期均衡发展。

2. 依法治国方略的提出为不断完善人口与计划生育法规确立了基本原则

（1）坚持中国共产党的领导。1980年9月25日，中共中央发表《公开信》，"要求所有共产党员、共青团员特别是各级干部，用实际行动带头响应国务院的号召"，"提倡一对夫妇只生育一个孩子"，这就明确了党团员在人口治理中的示范带头作用。《人口与计划生育法》第五条明确规定：国务院领导全国的人口与计划生育工作，地方各级人民政府领导本行政区域内的人口与计划生育工作。在计划生育和人口治理中坚持党的领导，主要通过三个层次来实现：一是坚持立法和修法程序中党的领导地位，即坚持中国共产党领导下的人民代表大会的立法权和修法权；二是坚持中国共产党领导下的国务院和各级政府在人口和计划生育治理工作中的顶层设计作用，将人口治理的法治化与各级人口发展战略紧密结合；三是充分发挥基层党组织的领导作用，以及在人口治理工作中的模范带头作用，积极贯彻落实《公开信》对共产党员的要求。

（2）坚持人民群众的主体地位。在依法治国中坚持人民的主体地位主要应当体现两个方面的内容：第一，依法治国的根本导向是为了人民的利益，即"坚持法治建设为了人民、依靠人民、造福人民、保护人民，以保障人民根本权益为出发点和落脚点，保证人民依法享有广泛的权利和自由、承担应尽的义务，维护社会公平正义，促进共同富裕"。第二，积极推动人民依法参与国家治理，凸显法治赋予人民的"主人翁"地位。这就为不断完善《人口与计划生育法》及相关法规确立了一个基本原则，即：确保人民的公共利益，兼顾弱势群体的生存和发展，激发人民参与人口治理的热情和潜能。

（3）坚持法律面前人人平等。现代法治的一个最基本原则就是公平，即法律面前人人平等，每一个责任主体都能享受法律赋予的权利，同时也必须承担法律规定的责任和义务，体现权利与义务的对等。这也是依法治国、树立法治权威和公信力的必然要求。在《人口与计划生育法》及相关法规完善过程中，必须坚持法律面前人人平等的原则，为消除差别性政策、实现一体化治理以及公共服务均等化提供法律保障。

（4）坚持依法治国和以德治国相结合。纵观人类历史，没有一个国家或社会纯粹以法律规范来维护社会秩序，实现社会善治，而是将法治与德治结合起来，实现优势互补。依法治国主要针对长期以来社会治理过程中的立法不完善、执法不规范等问题，需要进一步建立健全法律法规体系建设，完善和规范执法过程的各个环节，大力推进法治观念。与此同时，必须结合中华传统美德和社会主义核心价值观，"培育社会公德、职业道德、家庭美德、个人品德，既重视发挥法律的规范作用，又重视发挥道德的教化作用，以法治体现道德理念、强化法律对道德建设的促进作用，以道德滋养法治精神、强化道德对法治文化的支撑作用，实现法律和道德相辅相成、法治和德治相得益彰"①。体现在计划生育领域，就是要求既要进一步完善立法，加强执法，同时也必须强化婚育新风、家庭美德以及社会性别公正等方面的生育文明和生育道德建设，使二者相辅相成，共同作用于人口治理。

（5）坚持从国情出发。依法治国是我国经济社会发展和社会治理的必然要求，同时也要求必须从我国基本国情出发。计划生育作为我国的基本国策，其制定要立足国情，其修订和完善也不例外。因此，经济社会形势和计划生育实践的重大变化，尤其是人口变动表现出来的新趋势、新特点和新问题，以及广大群众生育意愿和家庭发展需求的变化，必然要求《人口与计划生育法》及相关法规适时做出修订与完善。反过来说，《人口与计划生育法》及相关法规的修订与完善，必须从我国实际出发。

3. 依法治国重大方略为不断完善人口与计划生育法规提出了保障和改善民生的价值导向

2014 年 10 月 23 日，党的十八届四中全会通过的《中共中央关于全面推进依法治国若干重大问题的决定》（以下简称《决

---

① 《中共中央关于全面推进依法治国若干重大问题的决定》，《人民日报》2014 年 10 月 29 日。

定》）指出："加快保障和改善民生、推进社会治理体制创新法律制度建设。依法加强和规范公共服务，完善教育、就业、收入分配、社会保障、医疗卫生、食品安全、扶贫、慈善、社会救助和妇女儿童、老年人、残疾人合法权益保护等方面的法律法规。"从这一点出发，《人口与计划生育法》及相关法规的修订和完善，也要以保障和改善民生为价值导向，在人口治理的总体目标下，加强和规范计划生育公共服务，兼顾计划生育弱势群体和困难家庭的利益，进一步积极谋求对妇女儿童合法权益的保障。

4. 依法治国重大方略为卫生计生系统依法行政提出了新的要求

依法行政是《人口与计划生育法》制定并付诸实施的主要目的之一。《决定》指出："法律的生命力在于实施，法律的权威也在于实施。各级政府必须坚持在党的领导下、在法治轨道上开展工作，创新执法体制，完善执法程序，推进综合执法，严格执法责任，建立权责统一、权威高效的依法行政体制，加快建设职能科学、权责法定、执法严明、公开公正、廉洁高效、守法诚信的法治政府。"这就对依法行政提出了更高的要求。《人口与计划生育法》及相关法规的修订和完善，是深入推进依法行政的需要。因此，应当进一步明确计划生育执法主体和对象的法律责任，转变执法思路，创新执法形式和手段，将生育调节、计生服务和奖惩措施的实施纳入到法治轨道上来。

（二）不断完善人口与计划生育法规是适应人口治理新形势的需要

1980 年 9 月 25 日中共中央发表的《公开信》指出："建国以来，由于卫生工作的进步和人民生活条件的改善，人口死亡率尤其婴儿死亡率大大降低，寿命大大延长。但是，我们长期对人口出生率没有适当控制，致使人口增长过快。旧中国从一八四〇年到一九四九年的一百零九年中，全国只增加人口一亿三千万。而中华人民共和国建立以后的三十年中，出生了人口六亿多，除去死亡，净增四亿三千多万人。人口增长得这样快，使全国人民在吃饭、穿衣、住房、交通、教育、卫生、就业等方面，都遇到越来越大的困难，使整个国家很不容易在短时间内改变贫穷落后的面貌。尤其严重的是……如果不从现在起用三四十年特别是最近二三十年的时间普遍提倡一对夫妇只生育一个孩子，控制人口的增长，按目前一对夫妇平均生二点二个孩子计算，我国人口总数在二十年后将达到十三亿，在四十年后将超过十五亿。这将会大大增加实现四个现代化的困难，造成人民的生活很难有多少改善的严重局面。"所以，基于缓解人口对经济社会发展和资源环境所造成巨大压力的思路，我国的计划生育始终都是以降低生育率、稳定低生育水平和控制人口数量为中心任务。

与《公开信》中写到的人口压力相比，我国当前的人口形势已经发生了较为显著的变化。2011 年《人口研究》编辑部策划的以"世人瞩目的六普：轨迹、解读与思考"为题的一组讨论的"引言"中指出："事实上，刚刚公布的第六次人口普查快速汇总数据已经昭示着，进入 21 世纪第一个十年之后，现阶段中国人口发展正呈现出与以往明显不同的阶段性特征。一方面，从事实上看，人口规模增长势头得到了明显的遏制，低生育水平下降速度更加明显；与此同时，人口年龄结构正在发生大的逆转，少儿人口比重下降加速，人口老龄化速度超过了预期，出生性别比问题愈发凸显，区域人口分布发生了大的变化，人口迁移流动成为影响人口变化的重要驱动力。另一方面，从深层次上看，我国人口数量、素质、结构、分布等要素之间也呈现出互动、依赖甚至更加复杂的局面，人口自身发展问题聚集叠加，如何合理利用公共政策解决当前乃至今后一段时间内面临的人口重大挑战成为一项迫在眉睫的现实命题。"①

　　人口形势的变化，意味着需要调整以低生育水平和严格控制人口增长为导向的计划生育政策，以应对长期低生育水平引发的人口结构问题，如老龄化、出生性别比失衡等。2013 年 12 月 31 日，中共中央、国务院颁布的《关于调整完善生育政策的意见》指出："生育政策是计划生育基本国策的核心。现行生育政策是在长期实践中逐步形成的，并随着人口与经济社会发展形势变化不断完善。在全面建成小康社会进程中，根据人口形势发展变化，调整完善生育政策，具有十分重要的意义。"其中"调整完善生育政策"的要求，是对当前我国面临的新的人口形势和问题的及时回应。《人口与计划生育法》的制定和实施，从根本上讲

---

① 陆杰华：《世人瞩目的六普：轨迹、解读与思考》，《人口研究》2011 年第 5 期。

就是为了降低生育水平、控制人口数量。面对人口计划生育形势的新变化和实现人口长期均衡发展的要求，在未来的《人口与计划生育法》及相关法规政策修订中，需要把目标调整到调控人口数量与提高人口素质、优化人口结构并重，促进人口长期均衡发展上来。

（三）不断完善人口与计划生育法规是法律自身完善的需要

法律从来都是服务于现实的，这也就注定了其历史性和变动性。法律的完善实际上就是一个不断调整来适应社会事实变化的过程。《人口与计划生育法》颁布实施以来，无论从自身实施还是从社会环境和法律主体的变动而言，都有进一步完善的空间和需要。首先，《人口与计划生育法》颁布实施以来，经过实践检验，其自身存在的一些问题逐渐暴露出来，已经妨碍到执法环节功能和效率的发挥；其次，当初法律制定的社会环境、人口形势、法律主体和客体都发生了很大变化，原有法律条文所限定的行为规范和责任义务关系，以及一些具体的执行措施，都需要进一步调整和完善。

正是基于此，2013 年 12 月 31 日中共中央、国务院颁布的《关于调整完善生育政策的意见》提到："上世纪（20 世纪）90 年代初，我国进入低生育水平国家行列。随着经济社会发展、城镇化水平提高和群众生育观念转变，妇女总和生育率呈现稳中有降的趋势。生育水平过高或过低，都不利于人口与经济社会协调发展。调整完善生育政策，符合人口发展规律，有利于稳定适度低生育水平，减缓人口总量在达到峰值后过快下降的势头，有利于中华民族长远发展。"

此外，各种法律所构成的是一个整体的体系，不同法律之间不能相互冲突，而是必须相互补充，相辅相成。因此，其他法律法规的修订，可能也会牵涉到人口与计划生育法规的修订。

二、明确法律责任在依法治理中的作用与贡献

（一）法律责任在《人口与计划生育法》中的地位和作用

1. 法律责任的逻辑地位

《人口与计划生育法》共分为七章，分别为总则、人口发展规划的制定与实施、生育调节、奖励与社会保障、计划生育技术服务、法律责任、附则。从法律逻辑角度讲，总则和其他章节明确了什么是必须做和不能做的，而法律责任部分则是对该做不做以及禁止做而做了的行为进行处理的具体规定，其内容包括两部分，第一部分是要求责任主体履行应当承担的具体法律义务。比如第四十条："违反本法规定，不履行协助计划生育管理义务的，由有关地方人民政府责令改正，并给予通报批评；对直接负责的主管人员和其他直接责任人员依法给予行政处分。"第二部分是对"禁止作为"的行为进行处罚的规定。比如第三十六条："违反本法规定，有下列行为之一的，由计划生育行政部门或者卫生行政部门依据职权责令改正，给予警告，没收违法所得；违法所

得一万元以上的，处违法所得二倍以上六倍以下的罚款；没有违法所得或者违法所得不足一万元的，处一万元以上三万元以下的罚款；情节严重的，由原发证机关吊销执业证书；构成犯罪的，依法追究刑事责任。"

2. **法律责任的作用**

对于《人口与计划生育法》而言，从法律逻辑体系上大致可以分为三部分：第一部分是"应作为"的行为。比如第十七条："公民有生育的权利，也有依法实行计划生育的义务，夫妻双方在实行计划生育中负有共同的责任。"就是要求我国公民在享有生育权利的同时，承担计划生育的义务。第二部分是"禁止作为"的行为。比如第二十二条："禁止歧视、虐待生育女婴的妇女和不育的妇女。禁止歧视、虐待、遗弃女婴。"第三部分是对履行应有责任和义务行为的奖励和保障，以及对未履行责任义务和实施了"法律禁止"行为的具体处置措施。比如第二十六条："妇女怀孕、生育和哺乳期间，按照国家有关规定享受特殊劳动保护并可以获得帮助和补偿。公民实行计划生育手术，享受国家规定的休假；地方人民政府可以给予奖励。"这是对履行义务者的奖励规定。而与之相对应，第四十条则规定："违反本法规定，不履行协助计划生育管理义务的，由有关地方人民政府责令改正，并给予通报批评；对直接负责的主管人员和其他直接责任人员依法给予行政处分。"这是对不履行法定义务者的处罚规定；同时还有最重要的一个环节，比如第三十七条："伪造、变造、买卖计划生育证明，由计划生育行政部门没收违法所得，违法所得五千元以上的，处违法所得二倍以上十倍以下的罚款；没有违法所得或者违法所得不足五千元的，处五千元以上二万元以下的罚款；构成犯罪的，依法追究刑事责任。"就是对实施了"法律禁止"行为人的处罚规定。所以，法律责任明确了《人口与计划生育法》对具体行为的约束措施，是实现主体法律责任的保障。没有法律责任，《人口与计划生育法》将空有规定而无具体的约束功能。

（二）法律责任在生育调节和人口治理中的作用和贡献

尽管我们很难利用定量分析的方法对《人口与计划生育法》的实施在我国控制人口工作中的作用做出科学评估，尤其是法律责任对生育调节的影响，但不可否认的是，直接作用于生育调节的，或者说在执法对象的角度直观反映人口控制力度的，应该是法律责任。对于政策外生育，直接的作用条款就是第四十一条："不符合本法第十八条规定生育子女的公民，应当依法缴纳社会抚养费"。回顾《人口与计划生育法》的实施情况，我们认为法律责任的作用主要体现在以下五个方面。

1.明确了生育主体的责任和义务，有效约束了生育主体的生育行为

《人口与计划生育法》实施至今，在控制人口增长方面取得了举世瞩目的成就。这一点在《中共中央　国务院关于调整完善生育政策的意见》中得到了充分肯定："经过全党全社会多年不懈努力，我国计划生育工作取得了巨大成就，人口过快增长得到

有效控制，人口再生产类型实现历史性转变，有效缓解了人口对资源环境的压力，有力促进了经济持续较快发展和社会进步，改善了妇女儿童发展状况，为全面建成小康社会奠定了坚实基础。广大人民群众做出了重大贡献，计划生育工作者付出了艰苦努力。实践证明，从我国基本国情出发，坚定不移地推行计划生育，既符合国家长远发展要求，又符合群众根本利益，是完全正确的，必须长期坚持。"

2013 年第 5 期《中国党政干部论坛》发表的《为什么要长期坚持计划生育基本国策》一文中，中国人民大学翟振武教授明确提出："计划生育基本国策实行三十多年来取得了举世瞩目的成就，全国共少生 4 亿多人，为改革开放和经济社会发展创造了人口抚养负担轻、社会储蓄率高的人口红利期，缓解了人口快速增长对资源环境的巨大压力，为保障和改善民生、增进家庭福利作出了重要贡献。"[①] 考虑到计划生育政策与《人口与计划生育法》本身的历史延续和包含关系，同样可以将这一成就部分地归因于《人口与计划生育法》的实施。我们通常认为，生育率降低，人口增长得到控制，从生育主体行为的影响因素来讲，主要有自发因素和外部因素两个方面，因此"少生 4 亿"是人们自发控制生育与《人口与计划生育法》强制性约束共同作用的结果；而如果充分考虑到现实生育意愿和《人口与计划生育法》规定的生育政策之间的差距，那么从逻辑上讲，法律的强制约束作用的

---

① 翟振武：《为什么要长期坚持计划生育基本国策》，《中国党政干部论坛》2013 年第 5 期。

贡献应当更大一些。

2. 明确了禁止实施胎儿性别鉴定技术的规定，为平抑出生性别比提供了法律保障

有充分的证据表明，出生性别比长期持续偏高问题与胎儿性别鉴定技术的普及和滥用直接相关。① 正是基于此，《人口与计划生育法》第三十六条规定："违反本法规定，有下列行为之一的，由计划生育行政部门或者卫生行政部门依据职权责令改正，给予警告，没收违法所得；违法所得一万元以上的，处违法所得二倍以上六倍以下的罚款；没有违法所得或者违法所得不足一万元的，处一万元以上三万元以下的罚款；情节严重的，由原发证机关吊销执业证书；构成犯罪的，依法追究刑事责任：（一）非法为他人施行计划生育手术的；（二）利用超声技术和其他技术手段为他人进行非医学需要的胎儿性别鉴定或者选择性别的人工终止妊娠的；（三）进行假医学鉴定、出具假计划生育证明的。"这一规定既从反向说明了计划生育相关科学技术的合法使用范围，也从立法角度明确了对相关违法行为的处罚规定，为平抑出生性别比提供了法律保障。

3. 明确了国家机关工作人员的责任，规范了国家机关工作人员的行为

国家机关是人口治理的主体，必须承担推行计划生育的责任和义务。在立法角度明确国家机关的权限和职责，同时配合法律

---

① 参见王俊祥、吕红平、包芳：《中国人口出生性别比偏高问题研究》，河北大学出版社 2011 年版，第 133 页。

责任确定"不作为"和"非法作为"需要承担的后果，可以有效约束和规范政府的行政行为，推进依法行政和社会治理，提升政府行政执法和技术服务的整体效能。

为了规范国家机关工作人员的行政行为，促进依法行政，《人口与计划生育法》对计划生育工作中的违法行政行为做出了明确的处罚规定。首先，对违背依法行政原则的行为及相关责任人做出了明确的界定和处罚规定。例如《人口与计划生育法》第三十九条规定："国家机关工作人员在计划生育工作中，有下列行为之一，构成犯罪的，依法追究刑事责任；尚不构成犯罪的，依法给予行政处分；有违法所得的，没收违法所得：（一）侵犯公民人身权、财产权和其他合法权益的；（二）滥用职权、玩忽职守、徇私舞弊的；（三）索取、收受贿赂的；（四）截留、克扣、挪用、贪污计划生育经费或者社会抚养费的；（五）虚报、瞒报、伪造、篡改或者拒报人口与计划生育统计数据的。"第四十条规定："违反本法规定，不履行协助计划生育管理义务的，由有关地方人民政府责令改正，并给予通报批评；对直接负责的主管人员和其他直接责任人员依法给予行政处分。"其次，对由于在计划生育技术服务中不尽责而导致重大失误的行为及其责任人做出了明确的界定和处罚规定。例如《人口与计划生育法》第三十八条规定："计划生育技术服务人员违章操作或者延误抢救、诊治，造成严重后果的，依照有关法律、行政法规的规定承担相应的法律责任。"

4. 明确了国家公务人员的特殊义务，有利于提升政府形象

《人口与计划生育法》第四十二条明确规定："按照本法第四十一条规定缴纳社会抚养费的人员，是国家工作人员的，还应当依法给予行政处分；其他人员还应当由其所在单位或者组织给予纪律处分。"关于本条，《中华人民共和国人口与计划生育法释义》（以下简称《释义》）中指出："所谓国家工作人员，依据《刑法》第九十三条的规定，是指在国家机关中从事公务的人员，国有公司、企业、事业单位、人民团体中从事公务的人员和国家机关、国有公司、企业、事业单位委派到非国有公司、企业、事业单位、社会团体从事公务的人员，以及其他依照法律从事公务的人员。对上述国家工作人员计划外生育的，要依法给予行政处分。"并且做出如下补充："如果非国家工作人员不符合本法第十八条规定生育子女的，则由其所在单位或者组织给予纪律处分，例如是共产党员的，要由所在的党组织按照党纪给予处分。"

中共中央《公开信》中提到："为了争取在本世纪（20世纪）末把我国人口总数控制在十二亿以内，国务院已经向全国人民发出号召，提倡一对夫妇只生育一个孩子。这是一项关系到四个现代化建设的速度和前途，关系到子孙后代的健康和幸福，符合全国人民长远利益和当前利益的重大措施。中央要求所有共产党员、共青团员特别是各级干部，用实际行动带头响应国务院的号召，并且积极负责地、耐心细致地向广大群众进行宣传教育。"因此，在我们看来，以立法形式明确国家工作人员违反《人口与计划生育法》第十八条规定的法律责任，并补充规定额外的处罚

措施，是对中共中央《公开信》指导思想的延续和呼应。这种处理方式，尽管在法理上可能存在一定的争议，但在具体实施过程中，能够凸显中国共产党及其领导下的中国政府在人口控制方面的模范带头作用，在特定时期内有助于缓解党群、干群关系，提升政府形象。

三、《人口与计划生育法》法律责任部分面临的问题

法律责任是《人口与计划生育法》不可或缺的重要组成部分，在法律推行和实践中具有重要作用，是计划生育政策得以贯彻落实并取得重大成就的关键。但由于我国经济社会发展和人口治理形势的变化，一些内容显得不像法律颁布实施初期那样合适，或者在实施中面临一些困难和问题。因此，正视《人口与计划生育法》在制定和实施方面的历史局限性，分析其在法律本身及其实施过程中存在的不足和可提升的空间，对于不断完善人口与计划生育法规、推进计划生育工作、促进人口长期均衡发展，显得非常必要。

（一）法律自身的调整和规范问题

1. 条文中执法主体发生变更

以第三十六条为例："违反本法规定，有下列行为之一的，

由计划生育行政部门或者卫生行政部门依据职权责令改正，给予警告，没收违法所得；违法所得一万元以上的，处违法所得二倍以上六倍以下的罚款；没有违法所得或者违法所得不足一万元的，处一万元以上三万元以下的罚款；情节严重的，由原发证机关吊销执业证书；构成犯罪的，依法追究刑事责任：（一）非法为他人施行计划生育手术的；（二）利用超声技术和其他技术手段为他人进行非医学需要的胎儿性别鉴定或者选择性别的人工终止妊娠的；（三）实施假节育手术、进行假医学鉴定、出具假计划生育证明的。"关于执法主体，《释义》做出如下解释："这里应当指出的是，本条规定的执法主体有两个：计划生育行政部门和卫生行政部门。在具体执法中，两个部门既要有分工，又要相互配合，一般来说，计划生育技术服务机构中的医生有本条规定的三种违法行为的，由计划生育行政部门进行处罚；在医疗、预防、保健机构从业的医生有本条规定的违法行为的，由卫生行政部门进行处罚。但是吊销医师和助理医师执业证书的处罚只能由卫生行政部门实施。"在2013年国务院机构改革中，卫生部与国家人口和计划生育委员会合并，成立"国家卫生和计划生育委员会"，其《主要职责内设机构和人员编制规定》中明确规定，由"综合监督局""承担公共卫生、医疗卫生、计划生育综合监督，按照职责分工承担职业卫生、放射卫生、环境卫生、学校卫生和计划生育的监督管理，组织开展公共场所、饮用水安全、传染病防治监督检查，整顿和规范医疗服务市场，组织查处违法行为，督办重大医疗卫生违法案件，指导规范综合监督执法行为"。卫生和计划生育机构合并后，依法行政的责任主体发生了变化，原法中的"计划生育行政部门或者卫生行政部门"相应地变成了"卫生和计划生育行政部门"，这一变动也应在法规政策调整中加以明确。

2.部分条文法律责任主体缺失

在计划生育法规政策中，存在法律责任主体缺失的问题。例如，《人口与计划生育法》第三十六条规定："违反本法规定，有下列行为之一的，由计划生育行政部门或者卫生行政部门依据职权责令改正，给予警告，没收违法所得；违法所得一万元以上的，处违法所得二倍以上六倍以下的罚款；没有违法所得或者违法所得不足一万元的，处一万元以上三万元以下的罚款；情节严重的，由原发证机关吊销执业证书；构成犯罪的，依法追究刑事责任：（一）非法为他人施行计划生育手术的；（二）利用超声技术和其他技术手段为他人进行非医学需要的胎儿性别鉴定或者选择性别的人工终止妊娠的；（三）进行假医学鉴定、出具假计划生育证明的。"第三十七条规定："伪造、变造、买卖计划生育证明，由计划生育行政部门没收违法所得，违法所得五千元以上的，处违法所得二倍以上十倍以下的罚款；没有违法所得或者违法所得不足五千元的，处五千元以上二万元以下的罚款；构成犯罪的，依法追究刑事责任。以不正当手段取得计划生育证明的，由计划生育行政部门取消其计划生育证明；出具证明的单位有过错的，对直接负责的主管人员和其他直接责任人员依法给予行政处分。"

　　这两条都是针对利用专业技术、职务便利或其他违法手段干预计划生育正常管理行为的惩罚措施，但只是针对实施上述行为的责任主体，缺乏对委托或者非法交易实施该行为的"委托方"或"购买方"的责任追究，存在着责任主体缺失问题。从违法和行政处罚角度看，抛开取证成本不说，此类违法行为实际上涉及两方，仅处罚一方存在着法律制度和执行方面的漏洞，实际上也不利于违法行为的整体治理。比如"两非"治理，如在取证上能够确定委托方的违法事实，应该依法追究其法律责任。另外，可能考虑到与其他相关法律或条例的重复，这里的法律条文没有针对不具备职业资格或执业资格的公民或法人"非法行医"或者"非法运营"提出额外的行政处罚。如果能增加参照相关法律处理的内容，就显得较为全面了，也有利于"两非"治理。

（二）执法实践中面临的困境和问题

　　法律的制定和完善实际上包括两个方面的问题：一是对条文理论和现实关系的理解与推敲，使法律内容能适用于现阶段和未来较长时期的社会发展；二是注意吸收执行环节的反馈意见，将成熟的实践经验适时反映到法律内容中。这两个环节是相辅相成的。《人口与计划生育法》颁布实施以来，在取得重大成就的同时，执行环节也出现了一些问题，面临一些亟待突破的困境。

　　1. 未规定社会抚养费信息公开，影响计划生育公信力

　　对社会抚养费征收的性质，《释义》是这样解释的：应当明确其不是一种行政处罚，而是一项行政性收费。一些干部、群众

之所以在这个问题上认识不明确，主要是因为我们在对待超生者采取经济制裁上有一个变化过程。可以说社会抚养费是从过去的计划外生育费演变而来的。在开展计划生育工作之初，各地对超计划生育的家庭多是给予罚款处罚。1994 年以后，一些地方认识到，计划生育是倡导性义务，对超计划生育的家庭不适宜给以行政处罚，因此，陆续将罚款改为收费。1996 年《行政处罚法》出台后，进一步明确对于超计划生育的不得给予罚款，但可以征收"计划外生育费"。2000 年 3 月，中央 8 号文件明确规定实行社会抚养费征收制度。同年，财政部、国家计生委联合下发文件，要求各地将"计划外生育费"改为"社会抚养费"。本法规定的社会抚养费是一项行政性收费，不是处罚，但具有一定的补偿和强制作用。因此本条第二款规定，"未在规定的期限内足额缴纳应当缴纳的社会抚养费的，自欠缴之日起，按照国家有关规定加收滞纳金；仍不缴纳的，由作出征收决定的计划生育行政部门依法向人民法院申请强制执行。"这里并没有指明社会抚养费用途和管理的具体细则。2002 年 8 月，以国务院令形式颁布的《社会抚养费征收管理办法》第十条规定："社会抚养费及滞纳金应当全部上缴国库，按照国务院财政部门的规定纳入地方财政预算管理；任何单位和个人不得截留、挪用、贪污、私分。计划生育工作必要的经费，由各级人民政府财政予以保障。"这就意味着社会抚养费及滞纳金除返还地方之外，应纳入国库统一管理和使用。但问题是，仍然缺乏一个具体的财务支出的交代制度来澄清。因为从现代社会公民对政府的要求看，国家有向公民交代关于税务和其他收费项目用途的义务，有信息公开的责任，而社会抚养费征收管理透明度不够，必然会在一定程度上影响计划生育政策的公信力。

2. 社会抚养费征收难度大，执法成本高，法律效能发挥受限

从各地调研反映的情况看，社会抚养费征收难是一个困扰各地计生部门的普遍问题。而社会抚养费征收到位率低，实际上不仅仅是一个执法不力的问题，对按规定缴纳社会抚养费的公民而言也存在不公正的问题。从现实困难看，根据基层计生行政执法部门的反映，主要是人手不够、经费不足、核实困难、动力不足以及缺乏有效的强制执行手段等。《人口与计划生育法》要求文明执法、依法行政，提升了计划生育整体执法水平，但同时也给一些素质较低的违法超生人员留下了非暴力抗法的"空子"。一些地方政府为了提高社会抚养费征收到位率，也存在各种不规范的做法，将本质上的"收费"还原为"处罚"。《人口与计划生育法》规定了"缴纳社会抚养费"的法律责任，《社会抚养费征收管理办法》需要补充规定具体的标准和操作规范。但从目前情况看，《社会抚养费征收管理办法》的规定还是较为笼统，同时也缺乏科学化和流程控制的思路，2014 年 11 月 20 日公布的公开征求意见的《社会抚养费征收管理条例》（送审稿）也没有解决这一问题，导致地方政府在征收社会抚养费方面存在随意性较大的问题。

3."两非"及其他相关违法治理成效不大

从《人口与计划生育法》第三十六条规定来看，打击"两非"的责任主体是计划生育行政部门或卫生行政部门。2002年11月国家计划生育委员会、卫生部、国家药品监督管理局联合发布的《关于禁止非医学需要的胎儿性别鉴定和选择性别的人工终止妊娠的规定》中，又增加了"国家药品监督管理局"这样一个行政主体。所以在该规定第二条明确指出："县级以上人民政府计划生育、卫生和药品监督管理等行政部门，按照各自职责，对本行政区域内的胎儿性别鉴定和施行终止妊娠手术工作实施监督管理。"这就意味着打击"两非"是一项以计划生育部门为主，多部门合作、联合执法的工作。因为这一工作还涉及流动人口和户籍变动，必须进行跨区域合作。2014年，国家卫生计生委办公厅发出《关于印发全国查处"两非"案件区域协作工作规范（试行）的通知》，专门对这一工作进行了部署。但从各地调研情况看，普遍反映"两非"案件查处存在"五难"（即案源查找难、调查取证难、案件突破难、落实处理难、实际操作难）的现实，从中央到地方并没有特别好的突破手段。

4.流动人口治理仍然困难重重

长期以来，流动人口的计划生育问题都是计划生育工作的重点和难点。《人口与计划生育法》第四十五条规定："流动人口计划生育工作的具体管理办法、计划生育技术服务的具体管理办法和社会抚养费的征收管理办法，由国务院制定。"关于流动人口的计划生育工作，国务院先后专门出台了《流动人口计划生育工作管理办法》《流动人口计划生育管理和服务工作若干规定》《流动人口计划生育工作条例》，根据形势变化，对流动人口的计划生育管理和服务做出规定和部署。流动人口问题，从最初的人口控制为主到当前的管理和服务并重，尤其是推进计划生育基本公共服务均等化，归根结底是受户籍制度影响较大，尤其是在迁入地和迁出地经济社会发展差异较大的情况下，涉及计划生育监督执法的权责划分、社会抚养费征收、计划生育技术服务等诸多问题，极大地增加了管控难度和服务成本。以流动人口"社会抚养费"征收为例，2002 年 8 月，国务院颁布的《社会抚养费征收管理办法》规定："不符合人口与计划生育法第十八条规定生育子女的流动人口的社会抚养费的征收，按照下列规定办理：（一）当事人的生育行为发生在其现居住地的，由现居住地县级人民政府计划生育行政部门按照现居住地的征收标准作出征收决定；（二）当事人的生育行为发生在其户籍所在地的，由户籍所在地县级人民政府计划生育行政部门按照户籍所在地的征收标准作出征收决定；（三）当事人的生育行为发生时，其现居住地或者户籍所在地县级人民政府计划生育行政部门均未发现的，此后由首先发现其生育行为的县级人民政府计划生育行政部门按照当地的征收标准作出征收决定。当事人在一地已经被征收社会抚养费的，在另一地不因同一事实再次被征收社会抚养费。"由于该办法未能充分考虑流动人口的复杂性和各省、自治区、直辖市经济社会发展的不均衡性，导致社会抚养费实际征收出现了很多问题，包括两地争夺征收权、重复征收、违法生育人员选择跨地域

"缴费"等问题。

2009 年 4 月 29 日，国务院第 60 次常务会议通过的《流动人口计划生育工作条例》规定："流动人口计划生育工作由流动人口户籍所在地和现居住地的人民政府共同负责，以现居住地人民政府为主，户籍所在地人民政府予以配合。"这一规定，事实上已经倾向于将流动人口管理逐渐"化繁为简"。而正在公开征求意见的《社会抚养费征收管理条例》第九条规定："流动人口的社会抚养费征收，由其户籍所在地县级人民政府计划生育行政部门按照户籍所在地的征收标准作出征收决定。流动人口现居住地应当配合户籍地计划生育行政部门做好社会抚养费征收工作。"这样的改动，显然是吸收了流动人口计划生育工作中的一些实践经验和教训，增强了实际工作的可操作性。如果能将其吸收到未来的人口与计划生育法规政策或相关法规政策修订中，效果会更好一些。

5. 执法主体相关部门责任认定不明确，联合执法水平有待提高

计划生育是一项系统工程，所涉主体和领域很多。《人口与计划生育法》及其附属条例和管理办法，涉及卫计委、国家食品药品监督检验、工商行政管理、财政、统计、公共安全、广播传媒等相关部门，这就必然涉及部门协调和执法联动的问题。一旦涉及部门联动，一般都是以卫计委系统为主，其他部门协助。《人口与计划生育法》第六条规定："国务院计划生育行政部门负责全国计划生育工作和与计划生育有关的人口工作。县级以上地方各级人民政府计划生育行政部门负责本行政区域内的计划生育

工作和与计划生育有关的人口工作。县级以上各级人民政府其他有关部门在各自的职责范围内，负责有关的人口与计划生育工作。"《释义》对此做出如下解释："由于我国人口与计划生育工作任务艰巨，问题重大，牵涉面广，情况复杂，仅由计划生育部门一家承担监督管理职责是难以胜任的，因此，本条第三款规定，县级以上各级人民政府其他有关部门在各自的职责范围内负责有关的人口与计划生育工作。这样规定比较符合实际，可以充分发挥各有关部门的作用，更全面和有效地对人口与计划生育工作实施监督领导。"同时认为："人口与计划生育工作是一项政策性强、涉及广大群众切身利益的社会系统工程，计划、教育、科技、民族、公安、民政、司法、财税、人事、劳动保障、建设、国土资源、农业、文化、卫生、广播电视、统计、工商等部门要明确在人口与计划生育工作中的职责和任务，制定具体措施。各级政府和有关部门制定土地、企业、医疗、社会保障、户籍、劳动、教育、财税等制度和改革措施，要统筹考虑，相互协调，有利于人口与计划生育工作。"

法律条文做出如此规定，不可谓不明确，但是在实际部门联动中却经常存在部门协调或配合不力的问题。南京大学陈友华教授在《户籍制度改革与计划生育工作调整》一文中谈到，在计划生育管理与服务中涉及基层居民户籍性质认定时，通常"以公安部门出具的户籍证明为依据（如扬州、无锡采取此种做法）"。①

---

① 陈友华：《户籍制度改革与计划生育工作调整》，《人口研究》2006 年第 6 期。

这就存在一个部门之间的权力义务关系问题。首先，公安部门是否有义务为卫生计生部门出具户籍证明，部分地区卫生计生部门与公安部门对此分歧较大。当两个部门不能就此问题达成一致时，只能由上一级领导出面裁决。其次，根据户籍制度改革总体方案，以后不再区分农业、非农业户籍，由公安部门提供居民户籍性质证明的意义也将不复存在。

现有工作机制中，确保部门联动机制的配套措施有党政一把手负责制、一票否决制，但都是以自上而下的方式由地方一把手来整合各部门力量，其工作方式往往以"运动式"的"突击检查"为主，缺乏常态性、持续性的联动模式。现有法规中，比如，2014年7月10日《国家卫生计生委办公厅关于印发全国查处"两非"案件区域协作工作规范（试行）的通知》中，针对跨区域"两非"案件协作查处工作，提出了"联席会议制度""协作办案制度""信息通报制度""联防联控制度""联合查案机制""案件移送制度"六项制度，希冀依此"明确区域间工作职责，规范工作程序，提高工作效率，有效治理出生人口性别比偏高问题"，但依然缺乏具体的实施细则来确保其操作性。

6.执法形势发生变化，对政府依法行政水平提出挑战

《人口与计划生育法》所保障的公民基本权利是生育权。第十七条规定："公民有生育的权利，也有依法实行计划生育的义务，夫妻双方在实行计划生育中负有共同的责任。"此外，还在具体操作层面赋予了群众在计划生育中的知情选择权。第十九条规定："实行计划生育，以避孕为主。国家创造条件，保障公民

知情选择安全、有效、适宜的避孕节育措施。实施避孕节育手术,应当保证受术者的安全。"但在具体行政执法中,所涉及的公民权利远远不止生育权和知情选择,人身权、财产权、名誉权等往往掺杂在内,从而使执法本身成为一个非常复杂的过程。我国实行计划生育政策早期,为严格控制人口增长,在缺乏有效约束机制的情况下,为完成工作任务,时常出现一些侵犯生育主体权利的现象,在一定程度上损害了部分群众的利益,影响了干群关系和政府形象。《人口与计划生育法》的颁布实施,明确了执法主体和生育主体以及相关主体的权利义务关系,规范了各自的法律责任,并依法保障各主体的合法权益。第四十四条明确规定:"公民、法人或者其他组织认为行政机关在实施计划生育管理过程中侵犯其合法权益,可以依法申请行政复议或者提起行政诉讼。"

但与此同时,也应该注意到,伴随着民主进程的加速和人口素质的提升,以及群众法律意识和维权意识的增强,出现了两种不适应的问题:一是作为执法主体的政府及相关部门未能紧跟《人口与计划生育法》的步伐,一度出现了不适应依法行政工作思路的问题,感觉工作起来"束手束脚",影响了工作的正常开展;二是群众法律意识提升过程中,各种思想意识的变化不同步,维权意识重于守法意识,即在不守法的情况下却要求维权,同样给依法行政造成了很大困扰。但不管怎样,人民群众,尤其是生育主体的法律意识增强,给卫计委以及其他联合执法的有关部门依法行政提出了更高的要求。

四、完善计划生育法律责任的建议

《人口与计划生育法》颁布实施以来，对人口与计划生育工作的保障和促进作用是有目共睹的。但同时也应该认识到，伴随着经济社会发展以及人口形势的新变化，法律执行的外部环境和内在诸要素都不同程度地发生了较大变化，《人口与计划生育法》的法律责任内容也有待做出相应调整。

（一）在法律条文上进一步完善法律责任

1. 在执法主体层面体现卫生计生系统的机构与职能合并

《人口与计划生育法》第三十六条规定："违反本法规定，有下列行为之一的，由计划生育行政部门或者卫生行政部门依据职权责令改正，给予警告，没收违法所得；违法所得一万元以上的，处违法所得二倍以上六倍以下的罚款；没有违法所得或者违法所得不足一万元的，处一万元以上三万元以下的罚款；情节严重的，由原发证机关吊销执业证书；构成犯罪的，依法追究刑事责任：（一）非法为他人施行计划生育手术的；（二）利用超声技术和其他技术手段为他人进行非医学需要的胎儿性别鉴定或者选择性别的人工终止妊娠的；（三）实施假节育手术、进行假医学鉴定、出具假计划生育证明的。"

2013 年卫生部与人口和计划生育委员会合并后，更名为卫生和计划生育委员会，隶属国务院。下设职能部门中，"综合监督局"具有以下职能：承担公共卫生、医疗卫生、计划生育综合监督，按照职责分工承担职业卫生、放射卫生、环境卫生、学校卫生和计划生育的监督管理，组织开展公共场所、饮用水安全、传染病防治监督检查，整顿和规范医疗服务市场，组织查处违法行为，督办重大医疗卫生违法案件，指导规范综合监督执法行为。这也就意味着，机构调整和职能变化的情况，要求在实际工作中将原法律条文中的"计划生育行政部门或者卫生行政部门"修正为"卫生和计划生育行政部门"。这样也可以在法律逻辑层面规避原法"责任主体"不明确的问题，进一步在法律上明确规定卫生和计划生育委员会在计划生育工作中的行政执法权。同理，"第三十七条"和"第四十三条"行文上对行政主体的规定也应做出相应的修正。

2. 建立追究"两非"行为委托方法律责任的制度

综合《人口与计划生育法》第三十六条和第三十七条的内容可以看出，违法行为的处罚只涉及"三类"责任主体，即："（一）非法为他人施行计划生育手术的；（二）利用超声技术和其他技术手段为他人进行非医学需要的胎儿性别鉴定或者选择性别的人工终止妊娠的；（三）进行假医学鉴定、出具假计划生育证明的。"也就是说，实际上只是对那些实施"两非"和计划生育造假的主体进行处罚，并没有涉及对那些非法委托上述主体实施违法行为的公民或者家庭的处罚问题。然而，从遵循法律责任对等性和公平性原则出发，应当对委托主体实施相应的处罚。

1996 年颁布的《中华人民共和国行政处罚法》第三条规定："公民、法人或者其他组织违反行政管理秩序的行为，应当给予行政处罚的，依照本法由法律、法规或者规章规定，并由行政机关依照本法规定的程序实施。"这也就意味着，在行政处罚方面，可以把公民作为对象。同时，参照《刑法》关于"销赃罪"和"行贿罪"的相关条文，对违法双方都进行处罚也符合法律逻辑和相关类推原则。更为重要的是，忽视对非法行为委托方的责任追究，不利于"两非"的源头治理和综合治理。因为，如果把"两非"视为一个市场的话，那么，委托方属于"买方"或需求方，实施方属于"卖方"或供给方，严格说来，"供给方"是适应于"需求方"的需要提供服务的，因此，只约束和制裁"供给方"，而置"需求方"于不顾，很难从根本上斩断"两非"市场的链条。"两非"治理难，一个重要原因就在于需求过旺，而且"成本"过低。只有从"卖方"和"买方"两个方面同时开展打击活动，才能收到较好的治理成效。基于此，建议在未来修法或者在近期的相关法规政策修订中，应增加法律责任主体，明确非法行为委托方的法律责任，并依法追究非法委托他人或者机构实施上述三类行为的委托人的法律责任。

3. 尝试将社会抚养费征收与社会信用体系建设挂钩

从全国各地调研得到的资料看，社会抚养费征收困难的主要原因在于缺乏行之有效的执法手段。结合基层较为成功的经验来看（比如福建），将社会抚养费征收与个人信用管理体系建设和运行相结合，将拒不缴费的行为后果与法院、公安、银行、社

保、住建、工商、国土资源、交通、出入境管理等公共服务有效
结合，以信用体系约束社会抚养费缴纳行为，是一种可以采纳的
思路。从国外个人社会信用管理体系功能和效果看，这种思路可
以有效降低政府部门的执法成本，有利于解决社会责任缺失行为
的管理困境。

《福建省人口与计划生育条例》（2014 年修订版）第三十六
条第三款规定："县（市、区）人民政府人口和计划生育行政部
门可以依照国家和本省有关规定，委托乡（镇）人民政府、街道
办事处征收社会抚养费。对拒不缴纳社会抚养费的，人口和计划
生育行政部门可以通知有关机构将其违法信息录入个人信用征信
系统。"在未来修法工作中，可以考虑借鉴行之有效的地方成功
经验，将社会抚养费征收与社会信用体系建设挂钩，从信用体制
上约束违法生育并拒绝缴纳社会抚养费的行为。按照这一思路，
就可以将第四十一条"不符合本法第十八条规定生育子女的公
民，应当依法缴纳社会抚养费。未在规定的期限内足额缴纳应当
缴纳的社会抚养费的，自欠缴之日起，按照国家有关规定加收滞
纳金；仍不缴纳的，由作出征收决定的计划生育行政部门依法向
人民法院申请强制执行"改为"不符合本法第十八条规定生育子
女的公民，应当依法缴纳社会抚养费。未在规定的期限内足额缴
纳应当缴纳的社会抚养费的，自欠缴之日起，按照国家有关规定
加收滞纳金；仍不缴纳的，由作出征收决定的卫生和计划生育行
政部门依法向人民法院申请强制执行，同时应通知有关机构将其
违法信息录入个人信用征信系统"。这一改动并不仅仅是文本上

的变化，而是要以个人信用征信系统的建立和健全为前提条件，并且确保卫生和计划生育行政部门有利用个人信用征信系统约束和制裁拒不缴纳及未足额缴纳社会抚养费的违法人员的权利。这样的修改可以通过增加违法生育的成本，增强对违法生育行为的约束和限制作用，促进计划生育工作。

（二）在"全面依法治国"指导下强化执行环节

结合前面对人口与计划生育法规存在缺陷及执法环节遇到的各种问题的分析，如"社会抚养费征收管理不透明""社会抚养费征收到位率低，执法成本高""'两非'及其他相关违法治理成效有待提升""流动人口治理难""部门联合执法难""执法对象维权意识和法律意识增强挑战政府执法水平"等，我们认为，要适应经济社会发展与人口计划生育形势的变化，妥善解决计划生育工作中存在的问题，需要做好以下三个方面的工作。

1. 进一步强化人口与计划生育法规的顶层设计

强化人口与计划生育法规的顶层设计，包括三个方面的工作：一是对已有法规做出调整和补充完善，修改与经济社会发展和人口形势不相适应的内容，增加符合新形势的内容和应对措施；二是贯彻落实依法治国的指导思想，加强卫生计生系统执法以及对多部门联合执法的制度设计，形成部门间权责明确的联席会议制度，优化部门整合；三是伴随我国财政制度改革的进一步深化，明确中央与地方在计划生育工作中的财政责任，真正体现国库保国策的原则。

2. 进一步强化执法能力和执法水平建设

一是进一步提升基层执法人员的素质和执法水平。调研中一些基层干部反映，计划生育工作难，不仅难在群众不愿配合、对群众缺乏硬约束方面，而且《人口与计划生育法》中对计划生育工作人员的诸多限制和约束条款也是一个很重要的因素。实际上，这种来自于基层的抱怨在一定程度上是对法律文本和执法理念的误读，也是认同传统粗暴执法方式的表现，与依法治国的理念和工作思路相悖。所以，应当进一步转变基层执法人员的工作思路，提升其法律素质和执法水平，深入理解依法行政的内涵和外延，以自身素质提升来保证执法效能，适应执法对象维权意识提升的新变化。二是进一步增强主动执法的意识，避免选择性执法。基层调研中发现，虽然社会抚养费征收难的问题非常突出，但因涉及经济利益，各地方之间争夺社会抚养费征收权的情况也很普遍，而不涉及经济利益的其他环节的行政执法，反而在一定程度上被有意或无意忽视。计划生育工作要求长期性和稳定性，保持工作的一贯性至关重要，绝不能由于人口控制业已取得成效就在日常执法中有所放松。三是转变工作职能和价值取向，将执法的管理导向与服务导向有机结合起来。长期以来，计划生育给广大群众的印象是复杂的，控制和管理的色彩较重，《人口与计划生育法》中赋予育龄群众享受生殖健康和计划生育技术服务权利的内容往往被忽略。从依法治国的原则和保障民生的价值导向来看，《人口与计划生育法》实施中，应当正确处理权利与义务的关系，力求实现寓管理于服务之中，以优质服务换取群众的理解和支持。

3. 强化"德治"的辅助作用

《中共中央关于全面推进依法治国若干重大问题的决定》指出："国家和社会治理需要法律和道德共同发挥作用。必须坚持一手抓法治、一手抓德治，大力弘扬社会主义核心价值观，弘扬中华传统美德，培育社会公德、职业道德、家庭美德、个人品德，既重视发挥法律的规范作用，又重视发挥道德的教化作用，以法治体现道德理念、强化法律对道德建设的促进作用，以道德滋养法治精神、强化道德对法治文化的支撑作用，实现法律和道德相辅相成、法治和德治相得益彰。"① 计划生育，从我国目前情况和对未来一段时间的展望看，最主要的目标就是稳定适度低生育水平，实现人口长期均衡发展。实现这一目标，既不能仅仅依靠行政执法，也不能仅仅依靠技术服务，归根结底还要靠计划生育对象和全体民众整体素质的提升，以及在此基础上对计划生育认识的深化，尤其是生育观念的彻底转变和职业道德、家庭美德以及社会公德的普遍提升。基于此，有必要在全面提升法律体系建设的同时，进一步加强思想道德建设，强化宣传动员环节，注重宣传工作重心下移，夯实基层生育文明宣传工作基础，全面提升公民生育道德、家庭美德和社会公德，优化计划生育依法行政的社会环境，促进卫生计生领域"法治"和"德治"的有机结合。

---

① 《中共中央关于全面推进依法治国若干重大问题的决定》，《人民日报》2014 年 10 月 29 日。

第八章

新法修订内容及相关政策完善配套研究

2015 年 12 月 27 日，第十二届全国人民代表大会常务委员会第十八次会议通过了《关于修改〈中华人民共和国人口与计划生育法〉的决定》，新修订的《人口与计划生育法》已经于 2016 年 1 月 1 日起正式施行。为了更好地宣传和落实新法，需要正确把握修订内容，深刻理解修订意义，充分利用有利条件，不断完善相关配套政策。

一、《人口与计划生育法》修订内容详解

本次对《人口与计划生育法》的修订主要围绕将"提倡一孩"修改为"提倡两孩"以及与此相关的奖励扶助政策进行，重点修订的内容包括以下三个方面。

（一）变提倡一孩为提倡两孩，并且把提倡两孩列为单独条款

本次修法，最重要的修改体现在第十八条，不仅把提倡一孩变为提倡两孩，而且还把提倡两孩列为单独条款。原法第十八条共三款内容，其中第一款规定："国家稳定现行生育政策，鼓励公民晚婚晚育，提倡一对夫妻生育一个子女。"修改后的第十八条第一款为："国家提倡一对夫妻生育两个子女。"这一修改一方面凸显了生育政策调整的重点，另一方面也反映出三个要点：（1）废止了独生子女政策。这是一个最重要的修订，也是本次修法最主要目的。它标志着独生子女政策的结束和"全面两孩"政策的启动，完成了生育政策由"提倡一孩"向"提倡两孩"转变的法律程序。（2）废止了鼓励晚婚晚育的内容。对鼓励晚婚晚育政策的废止，既符合我国青年初婚年龄推迟的现实①，也与我国目前已经不需要把晚婚晚育作为控制人口增长手段的情况有关。（3）删除了"稳定现行生育政策"。正如上面所言，这一次修法是对生育政策的重大调整，显然不是"稳定现行生育政策"的问题了，而是要启动"全面两孩"政策。

再就是将原法第十八条第二款"符合法律、法规规定条件的，可以要求安排生育第二个子女。具体办法由省、自治区、直辖市人民代表大会或者其常务委员会规定"修改为"符合法律、法规规定条件的，可以要求安排再生育子女。具体办法由省、自

---

① 目前我国女性平均初婚年龄已经超过23周岁，而我国对晚婚年龄的规定就是23周岁，所以，没有必要继续保留"鼓励公民晚婚晚育"这一没有实际意义内容的条文了。

治区、直辖市人民代表大会或者其常务委员会规定"。这一修改是对"全面两孩"政策的自然延伸。因为正像实行"提倡一孩"政策时对需要照顾生育二孩的家庭生育第二个子女的情况做出特殊规定一样，实行"全面两孩"政策后，同样存在一些特殊家庭要求再生育的情况，如某些再婚家庭和少数民族家庭。实际上，这一修改相当于把照顾生育第二个子女变为照顾生育第三个子女，顺应了生育政策由"提倡一孩"向"提倡两孩"的变化。

第十八条第三款没有变化，仍然保留了"少数民族也要实行计划生育，具体办法由省、自治区、直辖市人民代表大会或者其常务委员会规定"的内容。

为了解决以往实际工作中由于各省、自治区、直辖市具体生育政策的差异性带来的执行环节不一致，以及处理中缺乏统一依据的问题，本次修法中在第十八条增加了一款（作为第四款），即："夫妻双方户籍所在地的省、自治区、直辖市之间关于再生育子女的规定不一致的，按照有利于当事人的原则适用。"增加这一内容后，有利于解决跨省区婚姻再生育子女政策标准统一的问题，同时也体现出生育管理由"从严从紧"向"适度从宽"的变化。

（二）对独生子女家庭的奖励扶助做出了时间节点划分

第二十七条也是本次修订的重点，一是对独生子女家庭的奖励扶助做出了时间节点划分，即以"获得《独生子女父母光荣证》"为标志，从而明确了"新人新办法，老人老办法"的奖

励扶助原则；二是明确了对历史形成的独生子女伤残、死亡家庭
（即"获得《独生子女父母光荣证》的夫妻，独生子女发生意外
伤残、死亡的"）继续给予扶助的规定。原法第二十七条共有四
款，除第二款之外，其余三款均做了修订。其中第一款在"自愿
终身只生育一个子女的夫妻，国家发给《独生子女父母光荣证》"
之前增加了"在国家提倡一对夫妻生育一个子女期间"的前提条
件，这就意味着实施"全面两孩"的新法后，将不再认定独生
子女家庭，当然也就不再继续发放《独生子女父母光荣证》了。
《独生子女父母光荣证》将成为历史。

　　第三款在"法律、法规或者规章规定给予终身只生育一个子
女的夫妻奖励的措施中由其所在单位落实的，有关单位应当执
行"中增加了"获得《独生子女父母光荣证》"的前提条件，实
际上是对受益对象做出了限制性规定，即把受益对象限定为实施
新法之前已经领取《独生子女父母光荣证》的夫妻。

　　第四款关于"独生子女发生意外伤残、死亡"的家庭的扶助
规定，增加了"获得《独生子女父母光荣证》的夫妻"的前提条
件和"按照规定获得扶助"的内容，删除了"其父母不再生育和
收养子女的，地方人民政府应当给予必要的帮助"的内容。这一
修改包含着实施"全面两孩"的新法后，即使再有独生子女发生
意外伤残、死亡的情况，也不再执行计划生育特殊家庭扶助政策
的意思。这是因为，实施"全面两孩"政策后，就不再有政策意
义上的独生子女了。

　　第二十七条增加了"在国家提倡一对夫妻生育一个子女期

间，按照规定应当享受计划生育家庭老年人奖励扶助的，继续享受相关奖励扶助"的内容，作为第五款。新增加的这一款内容，体现出坚持政策连续性，就是要兑现政府承诺，不让听党和政府话的人吃亏。

总之，第二十七条的修改，体现出奖励扶助政策中"老人老办法，新人新办法"的原则，符合政策的连贯性，并体现出政府的担当。无论是针对独生子女伤残、死亡家庭的扶助政策，还是计划生育家庭老年人奖励扶助的规定，都只适用于已经获得《独生子女父母光荣证》的夫妻。也就是说，计划生育奖励扶助政策将以新修订的《人口与计划生育法》作为时间节点，实行"双轨制"。

（三）明确了对历史形成的独生子女伤残、死亡家庭继续给予扶助的规定

本着对历史负责、对独生子女父母负责的态度，《人口与计划生育法》修订中，仅仅对原法第二十七条第四款做了与法律修改相适应的修改，保留了实质性内容，修订后的第四款表述为："获得《独生子女父母光荣证》的夫妻，独生子女发生意外伤残、死亡的，按照规定获得扶助。"之所以仍然坚持对已经形成的独生子女伤残、死亡家庭继续给予扶助，是因为过去形成的独生子女家庭是计划生育政策的结果。换句话说，失独或残独家庭的出现，在一定程度上与这些家庭响应党和政府号召、执行计划生育政策的情况有关。不能因为法律修改为提倡"全面两孩"，就取

消对过去形成的独生子女及其家庭的扶助。这一修改也体现了
"老人老办法，新人新办法"的原则，以及对计划生育家庭尤其
是计划生育特殊家庭负责到底的态度。在国家提倡一对夫妻生育
一个子女期间已经形成的独生子女家庭，法律修改后可继续享受
奖励扶助，计划生育特殊家庭可继续享受特殊扶助政策，这就给
了历史形成的计划生育家庭以及由此造成的失独、残独家庭一颗
定心丸，体现了党和政府的公信力。

二、《人口与计划生育法》修订的意义

经过多年的计划生育工作，我国降低生育水平的历史任务已
经完成，稳定低生育水平的任务也已完成；《公开信》预测到的
人口问题都已浮现出来，而且有的问题日益严重；群众的生育意
愿发生了重大变化，对计划生育的认可度和接受度越来越高。时
移世易，我国已经具备了结束从严从紧的"一孩化"政策、普遍
允许生育二孩的基本条件。正是在这一背景下，我国于 2015 年
12 月修订了已经实施 15 年的《人口与计划生育法》，将独生子
女政策修改为"全面两孩"政策。本次修法，凸显了以下几个方
面的重要意义。

（一）兑现了中央承诺，提升了政府公信力

信用是现代社会市场经济的基石和灵魂，完善的信用制度是

市场经济正常运转的基础条件；不讲信用，社会主义市场经济就无法运行。社会主义市场经济秩序依赖于全体社会成员对普遍性的行为规范的遵守和信任。政府是社会秩序与市场秩序的维护者，政府公信力是政府治理社会的基本要求，政府守信，就能够增强人民群众的社会信任感和归属感；政府失信，则会导致人民群众对政府执政的怀疑，从而造成社会普遍失信，削弱政府的合法性。最重要的是，政府公信力是社会稳定与发展的前提条件，是构建和谐社会的重要基础，也是落实科学发展观的必然要求。政府作为社会信用体系建设的示范者、倡导者和组织者，只有具备较高的公信力，才能将依法治国与以德治国统一起来，正确处理改革、发展、稳定的关系，促进经济社会全面、协调和可持续发展。因此，加强政府信用建设是构建社会信用体系的关键。

我国的计划生育虽然开始于 20 世纪 70 年代初期，但真正严格执行"提倡一对夫妇只生育一个孩子"的政策却始于 1980 年 9 月 25 日中共中央发表的《公开信》。《公开信》认为：解决我国人口增长过快问题、在短时间内改变贫穷落后面貌的最有效办法，就是"每对夫妇只生育一个孩子"。当然，《公开信》也考虑到，"一对夫妇只生育一个孩子，将来会出现一些新的问题：例如人口的平均年龄老化，劳动力不足，男性数目会多过女性，一对青年夫妇供养的老人会增加"，为此，还设计了"从现在起用三四十年特别是最近二三十年的时间普遍提倡一对夫妇只生育一个孩子，控制人口的增长"，"到三十年以后，目前特别紧张的人口增长问题就可以缓和，也就可以采取不同的人口政策了"的政策目标。也就是说，"一对夫妇只生育一个孩子"的政策是有时限的，并不是永久性的。这一"从严从紧"控制人口增长的生育政策，是针对当时人口增长过快的形势制定的。面对当时群众较高的生育意愿，我国老一辈决策者从国家和民族利益出发，做出"一孩化"的决策，体现出博大的胸襟和无比的胆魄。从《公开信》发表到2015年，已经历了35年的时间。《公开信》重点设定的控制人口增长率、降低生育水平的任务已经完成，《人口与计划生育法》确定的稳定低生育水平的任务也基本完成；《公开信》中所担忧的其他人口问题都已逐步显现，有的还非常严重；《公开信》所设计的"一孩化"政策实施时限也已到期。目前，在生育率已经长期保持在低生育水平、人口增长速度得到有效控制的现实条件下，我国已经具备了在调整生育政策时充分考虑家庭利益、顺应群众生育意愿（多次调查证实，目前群众的意愿生育子女数平均值在2个以内）、变从严从紧的"一孩化"政策为顺乎民意的"全面两孩"政策的条件。因此，到了兑现中央《公开信》承诺的时候了。"从严从紧"控制人口增长的政策已经时移世易，可以予以调整了。在经历了降低生育水平、稳定低生育水平的历史阶段后，我国的人口和社会形势都发生了重大变化，具备了承受放开二孩生育可能带来的一定风险的能力。本次对《人口与计划生育法》的修订，结束了独生子女时代，进入了"全面两孩"政策的新阶段。这一修改，必将对推进计划生育领域的和谐、促进人口长期均衡发展、增强家庭发展能力产生深远的影响。

（二）落实了十八届五中全会精神

2015 年 10 月 29 日结束的党的十八届五中全会正式提出"全面实施一对夫妇可生育两个孩子政策"，并建议把这一要求列入"十三五"规划。国家卫计委副主任王培安在次日的记者会上表示，"全面两孩"政策的实施，需要根据党的十八届五中全会的决策部署，先修订《人口与计划生育法》及其配套法规，然后才能依法组织实施。在不到两个月的时间里，第十二届全国人民代表大会常务委员会第十八次会议就通过了《关于修改〈中华人民共和国人口与计划生育法〉的决定》，把"提倡一对夫妻生育一个子女"修改为"提倡一对夫妻生育两个子女"。《人口与计划生育法》的修订，落实了十八届五中全会精神，成为"全面两孩"政策"落地"的法律基础。

（三）有利于实现人口长期均衡发展

受当时人口形势的影响，2001 年颁布的《人口与计划生育法》特别强调控制人口数量，对优生优育和人口质量提高、人口结构优化、人口合理分布等问题关注不够。在经历了人口长期快速增长，给我国经济社会发展和资源环境造成巨大压力的情况下，把控制人口数量、降低人口增长率放在突出位置，无疑是抓住了主要矛盾和矛盾的主要方面，完全符合当时的人口国情。经过十几年的发展和变化，我国人口过快增长的势头已经得到有效控制，人口形势发生了非常大的变化，妇女总和生育率自 20 世纪 90 年代中期就下降到了更替水平以下，2013 年的人口出生率与总和生育率均低于世界平均水平，内在自然增长率早已变为负值。如果继续维持原来"从严从紧"的生育政策，2025 年左右我国人口数量将达到峰值，然后会转入快速减少阶段。

虽然我国现阶段依然存在人口数量过多的问题，必须继续坚持计划生育基本国策不动摇。但是，出生人口性别比长期偏高、人口老龄化快速发展、流动人口规模日益增大等宏观问题，以及家庭人数减少、独生子女家庭增加、家庭发展能力不足等微观问题凸显，这些不利于人口均衡发展的问题摆到了我们面前，必须引起高度重视。

按照人口再生产的一般原理，一对夫妇生育两个孩子是维持简单再生产的基本条件。唐朝初年民间通俗诗人王梵志在一首诗中就写道："生儿不用多，了事（能干）一个足。"[1] 明代冯梦龙《太平广记钞·古元之》的批语中说："不若人生一男一女，永无增减，可以长久。"[2] 这说明，即使在我国古代社会，也有人认识到了人口均衡发展的问题。

人口老龄化快速推进是我国人口年龄结构变化方面的一大问题。我国自 1999 年进入老龄化社会，2014 年 65 岁及以上老年人口比例已达 10.06%。根据联合国的预测，我国 65 岁及以上老年人口比例在 2020 年将达到 11.9%，2030 年将达到 16.2%，2040 年将达到 22.2%，2050 年将达到 23.7%。由于人口老龄化进程过快，劳动力负担不断加重，养老问题将成为困扰社会

---

[1]　吴申元：《中国人口思想史》，中国社会科学出版社 1986 年版，第 135 页。

[2]　张华：《中国人口思想史》，山西人民出版社 1989 年版，第 382 页。

经济发展和家庭生活的一个严重问题。2014年，我国劳动力（以16—64岁为标准）负担系数为38.07%，其中老年抚养比为13.88%。根据预测，2030年劳动力负担系数将接近50%，2050年将超过60%，2035年以后劳动力短缺问题将日益严重。伴随着我国老年抚养比的大幅度升高，社会总体养老负担会迅速加重，老年人健康和保障将成为非常突出的社会问题；另外，人口老龄化必然造成劳动力数量下降，进而影响到国家的经济活力和发展速度。近年来，日本、德国等发达国家的经济持续低迷，就与其日益严重的人口老龄化有很大关系。严重的人口老龄化将影响和制约社会经济发展，已被各国所认同。美国学者哈瑞·丹特就非常明确地把"人口悬崖"视为日本近十几年来经济衰退的重要原因。[①] 尤其值得注意的是，发达国家的人口老龄化经历了一个漫长的过程，社会压力也是逐渐显现的。相比之下，我国的人口老龄化是短时期内快速形成的，今后几十年急剧加重的老龄化，必然会带来一系列更为严重的社会问题。

出生人口性别比例失调是我国自1981年开始出现的一个结构性人口问题，而且呈现出长期持续偏高的特点，1982年"三普"108.47、1990年"四普"111.87、2000年"五普"116.86、2010年"六普"117.94。出生人口性别比长期持续偏高，必然造成性别结构严重失调，进而导致男性择偶拥挤问题，甚至出现集中连片的"光棍村"，引发性犯罪等社会问题。

---

① ［美］哈瑞·丹特：《人口峭壁》，萧潇译，中信出版社2014年版，第39—43页。

事实上，人口结构性问题、流动人口问题、出生缺陷问题等，早已引起党和政府的高度关注，并采取了一系列应对措施。2006 年 12 月 17 日，中共中央、国务院颁布《关于全面加强人口和计划生育工作统筹解决人口问题的决定》，专门针对提高出生人口素质、综合治理出生人口性别比偏高问题、积极应对人口老龄化、不断完善流动人口管理服务体系等问题做出了部署和安排。

2011 年 3 月通过的《中华人民共和国国民经济和社会发展第十二个五年规划纲要》明确要求："综合治理出生人口性别比偏高问题。加大出生缺陷预防力度，做好健康教育、优生咨询、高危人群指导、孕前筛查、营养素补充等服务工作，降低出生缺陷发生率和农村 5 岁以下儿童生长迟缓率。加强流动人口计划生育服务管理。"

2011 年 4 月 26 日，中共中央政治局就世界人口发展和全面做好新形势下我国人口工作进行第二十八次集体学习时，胡锦涛强调了六个方面的重点工作，即：坚持和完善现行生育政策，切实稳定低生育水平；着力提高人口素质，切实加快建设人力资源强国；综合治理出生人口性别比问题，切实促进社会性别平等；引导人口有序迁移和合理分布，切实加强流动人口管理和服务；完善社会保障和养老服务体系，切实应对人口老龄化；建立健全家庭发展政策，切实促进家庭和谐幸福。

2012 年 11 月，党的十八大报告指出：坚持计划生育的基本国策，提高出生人口素质，逐步完善政策，促进人口长期均衡发展。

2013 年 11 月 12 日，党的十八届三次全体会议通过的《中共中央关于全面深化改革若干重大问题的决定》提出：坚持计划生育的基本国策，启动实施一方是独生子女的夫妇可生育两个孩子的政策，逐步调整完善生育政策，促进人口长期均衡发展。

以上重要文件都改变了以往只强调控制人口数量和稳定低生育水平的做法，扩展了计划生育的工作内容，把提高人口质量尤其是减少出生缺陷和提高生育质量、重视人口结构优化、促进人口合理分布、增强家庭发展能力提上了重要议程，形成了统筹解决人口问题、促进人口长期均衡发展的新思路。

较为稳定的低生育水平与相对缓和的人口增长态势扭转了我国人口快速增长的势头，人口总量失控的风险得到控制，这就为调整"从严从紧"的生育政策、修订《人口与计划生育法》提供了有利的条件和合适的契机。因此，修订后的《人口与计划生育法》做出"提倡一对夫妻生育两个子女"的规定，符合人口再生产规律，有利于促进人口长期均衡发展。

（四）有利于统筹解决人口问题、实现人口与经济社会协调发展

我们必须清醒地认识到，我国在取得人口和计划生育工作巨大成就的同时，不仅过去不太明显的人口问题开始浮出水面，而且也出现了一些新的人口问题，成为实现人口与经济社会资源环境协调发展的不利因素。这些人口问题中，比较突出的有出生人口性别比长期偏高、人口老龄化快速发展、人口城镇化快速推

进、流动人口规模日益增大、出生缺陷发生率依然较高等。

　　人口问题属于综合性社会问题，涉及方方面面。人口和计划生育工作是一项社会系统工程，必须全盘考虑。实现人口与经济社会资源环境协调发展，一个重要前提就是人口的协调与可持续发展。但是，目前已经出现的各种人口问题，从某种程度上反映出人口发展中的不和谐音符，以及潜在的不利于人口长期均衡发展、不利于经济社会和谐与可持续发展的因素。党的十八大报告提出，努力建设美丽中国，实现中华民族永续发展。这就要求我们在加快经济社会发展过程中，必须着眼于长远战略，统筹兼顾人口发展与经济社会发展的关系，切实加强人口发展战略研究，改善人口结构，保障人口安全，促进人口与经济社会发展相协调。修订后的《人口与计划生育法》做出"提倡一对夫妻生育两个子女"的规定，终止了独生子女政策，实行"全面两孩"政策。这一修改，不仅有利于解决人口年龄结构变化过大、人口老龄化速度过快以及缓解未来劳动力不足、养老负担过重等问题，而且也有利于解决出生性别比偏高问题。

（五）有利于增强家庭发展能力

　　我国实施计划生育政策以来，生育水平下降在微观层面的直接影响就是家庭规模小型化、独生子女和独生子女家庭增多。由于长期实行"从严从紧"的生育政策，我国形成了上亿个独生子女家庭。与其他家庭相比，独生子女家庭面临更多、更大的风险，失独家庭和独生子女伤病残家庭不断增加以及由此导致的社会问题充分说明，"提倡一对夫妇只生育一个孩子"的政策并非最佳选择，而只是一种特殊人口国情下不得不为之的"权宜之计"。为了防止政策意义上的独生子女家庭继续累积，降低家庭风险，增强家庭功能，促进家庭发展能力提升，修订后的《人口与计划生育法》，把"提倡一对夫妇生育一个子女"修改为"提倡一对夫妻生育两个子女"，这对于适当扩大家庭规模、改善家庭结构、增强家庭发展能力、促进家庭功能的有效发挥等，都将产生重要影响。而且从大多数公民的现实生育意愿情况看，80%的人认为生育两个孩子最为理想。基于这一点，我们完全可以做出实施"全面两孩"政策也不会出现人口失控的判断。

三、新修订《人口与计划生育法》 实施的有利条件

我国现阶段良好的政治环境和法制环境为实施新修订的《人口与计划生育法》奠定了坚实的基础。群众生育意愿较低的状况和二孩试点地区的实践表明，实施新修订的《人口与计划生育法》不会导致生育失控。

（一）党和政府高度重视人口计生工作

党和政府高度重视人口计生工作，为调整完善生育政策和修订《人口与计划生育法》提供了重要保证。在我国计划生育工作

中，一直都受到党和政府的高度重视，无论法规的制定与修改，还是实际工作的领导和部署，都是在党和政府的直接领导下开展的。自 1991 年到 2005 届的 15 年间，每年的"两会"结束后，中央都要召开计划生育工作座谈会；每届党代会、全国人大会议报告，都有针对计划生育工作的安排；在人口和计划生育工作需要做出重要部署或重大转向的情况下，中共中央、国务院都会及时发布相关决定，确定计划生育工作重点，引领计划生育工作方向，如 1991 年、2000 年、2006 年专门就加强计划生育工作问题做出决定。

近年来，中共中央、国务院根据已经变化了的人口和计划生育形势，及时提出了生育政策调整的问题。2012 年 11 月，党的十八大报告指出：坚持计划生育的基本国策，提高出生人口素质，逐步完善政策，促进人口长期均衡发展。2013 年 11 月 12 日，党的十八届三中全会通过的《中共中央关于全面深化改革若干重大问题的决定》要求，"坚持计划生育的基本国策，启动实施一方是独生子女的夫妇可生育两个孩子的政策，逐步调整完善生育政策，促进人口长期均衡发展"。2013 年 12 月 21 日，中共中央、国务院印发《关于调整完善生育政策的意见》，明确了调整完善生育政策的重要意义和总体思路，要求坚持计划生育基本国策，稳妥扎实有序推进各项工作，完善配套措施。2013 年 12 月 23 日，十二届全国人大常委会第六次会议审议通过了国务院关于提请审议《关于调整完善生育政策的决议（草案）》等议案。2015 年 3 月 15 日十二届全国人大三次会议闭幕后，国务院总理李克强会见中外记者时强调，必须依照法律程序调整和完善人口政策。2015 年 10 月 29 日，党的十八届五中全会公报在谈到人口与计划生育工作时提出"促进人口均衡发展，坚持计划生育的基本国策，完善人口发展战略，全面实施一对夫妇可生育两个孩子政策，积极开展应对人口老龄化行动"，并建议列入"十三五"规划。

各级地方党委和政府也都非常重视人口计生工作，不仅积极贯彻落实中共中央、国务院在计划生育工作方面做出的所有决定，以及历届党代会、人代会、政协会议和计划生育工作会议上提出的战略部署，而且还结合本地实际情况，制定贯彻落实中共中央、国务院战略部署的实施细则，或制定有关地方性法规。始终坚持党政一把手亲自抓、负总责，不断完善计划生育领导机制，实行计划生育考核，执行"一票否决制"。

中共中央、国务院 2013 年以来启动的生育政策调整工作，为《人口与计划生育法》的修订指明了方向，成为修订《人口与计划生育法》的重要依据。中共中央、国务院以及各级党委、政府的坚强领导是落实好新修订的《人口与计划生育法》以及调整完善相关配套政策、进一步做好计划生育工作的重要保证。

（二）全面依法治国的方略提供了法治基础

依法治国理念的提出，为实施新修订的《人口与计划生育法》、实行"全面两孩"政策、进一步调整完善相关配套政策，提供了良好的法制基础和社会环境。党的十八大报告对依法治国和社会主义法治建设进行了全面深刻的阐述，认为法治是治国理政的基本方式，要求深入开展法制宣传教育，弘扬社会主义法治精神，树立社会主义法治理念，增强全社会"学法、尊法、守法、用法"的意识。党的十八届四中全会提出，全面推进依法治国，总目标是建设中国特色社会主义法治体系，建设社会主义法治国家。全面推进社会主义法治建设，要求人口和计划生育工作切实强化依法行政。人口计生工作是一项政策性很强的群众性工作，依法治国方略的实施，有利于人口计生领域深化改革，完善政策法规，加大人口计生及相关政策法规的宣传力度，增强群众依法履行义务、维护合法权益的意识。当然，也要求我们进一步加强对广大计生干部进行法治意识和执法能力培训，提高人口计生工作者的政策水平和学法用法、依法行政、依规办事、做好群众工作的能力；建立健全维护群众权益的机制，完善信访制度，畅通和规范群众诉求表达、利益协调和权益保障的渠道，切实维护好群众的利益。

（三）相关政策法规的完善提供了有力支持

相关政策法规为调整完善生育政策和实施新修订的《人口与计划生育法》、实行"全面两孩"政策、进一步调整完善相关配套政策提供了有力支持。目前，我国已经形成了较为完善的《婚姻法》《母婴保健法》《妇女权益保障法》《老年人权益保障法》《流动人口计划生育工作条例》《关于禁止非医学需要的胎儿性别鉴定和选择性别的人工终止妊娠的规定》《产前诊断技术管理办法》

《计划生育技术服务管理条例》等与人口和计划生育工作密切相关的法律法规体系；在《社会抚养费征收管理办法》基础上制定的《社会抚养费征收管理条例》已于 2014 年 11 月向社会公开征求意见；社会保障制度正逐步向一元化并轨。这就为不断完善相关政策法规、贯彻落实新修订的《人口与计划生育法》奠定了良好的法律基础。除此之外，我国在婴幼儿护理、家政民生等相关民生事业方面制度建设的不断推进，也为实施新修订的《人口与计划生育法》、进一步调整完善生育政策提供了相应的制度支持。

（四）法制意识普遍增强提供了群众基础

我国在不断推进和完善法治建设过程中，群众掌握了更多的法律知识，对有法必依、执法必严、违法必究有了较高的认识，对如何依法保护自身的合法权益等有关法律知识有了一定的了解，开始形成了监督计划生育行政部门依法办事的理念。对于计划生育行政中的违法行为或者侵犯公民个人合法权益的行为，开始诉诸法律，依靠法律保障自己的权利。近年来出现的一些民告官案件，如 2012 年发生的陕西省安康市镇坪县孕妇强制引产事件等，就说明了这一点。2015 年 5 月发生在贵州省荔波县的责令一持有准生证、已怀孕 5 个月的中学女老师自行到医院做终止妊娠手术的事件，最后也是以县教育局和县卫生计生局收回处理决定、允许其生育收场。公民法律意识和法制观念的增强，为依法治理人口和计划生育提供了良好的群众基础，但也为计划生育严格执法提出了更高的要求。

由于群众法律意识增强，以及生育意愿变化，违法生育越来越少，政策生育率显著提高。从各地情况看，多数地方的政策生育率都达到 90% 以上。

（五）政策调整试点地区的成功经验提供了实践支持

20 世纪 80 年代中期，一些地方开始进行生育政策调整试点，国家计划生育委员会当时确认陕西省翼城县和大同市新荣区、辽宁省黑山县、黑龙江省黑河市、浙江省武义县、山东省荣成县和长岛县、湖北省黄冈县、广东省南海县、广西壮族自治区龙胜各族自治县、陕西省勉县、甘肃省酒泉地区和徽县 13 个县（市、区、地区）为试点县。90 年代初期，除山西省翼城县之外的其他地区的试点都被所在省区取消，90 年代末甘肃省酒泉地区又恢复试点。经过近 30 年的试点，山西省翼城县实行的"晚婚晚育加间隔"普遍允许生育二胎的做法取得了较好的效果，不仅没有出现抢生问题，政策内生育率一直保持较高水平，多孩率控制在 1% 以内，人口增长率低于相邻地区及山西省和全国平均水平，而且出生人口性别比也维持在正常水平。河北省在张家口和承德的农村地区也实行了普遍允许生育两个孩子的政策，同样没有出现生育失控问题。而在绝大多数其他农村地区，基本上实行的是"一孩半"政策，但事实上却很少有没生育两个孩子的家庭，只不过增加了政策外生育罢了，而且还加剧了出生性别比偏高的问题。生育政策调整试点地区的实践说明，即使允许一对夫妇生育两个孩子，只要服务管理能跟上，也可以实现人口控制目标，这就为实施新修订的《人口与计划生育法》、实行"全面两孩"政策、进一步调整完善生育政策提供了实践支持。

四、计划生育政策及其相关配套政策完善展望

任何一项社会法规政策都不是固定不变的，而是随着社会形势的发展变化不断调整完善。计划生育法规政策也不例外。本次《人口与计划生育法》的修订，适应了人口和社会发展形势的变化，解决了计划生育政策由"提倡一孩"向"提倡两孩"转变的法律依据问题。随着未来经济社会发展和人口与计划生育形势的变化，其他方面的不适应问题也会逐渐显露出来，需要适时做出修改完善。例如：如何按照法律面前人人平等的原则，继续推进生育权利和奖励扶助均等化，消除生育和奖励扶助政策中的各种差异性规定；随着二孩生育成为主流，继续沿用计划生育奖励的概念是否合适，应当建立什么样的生育保障制度，本书第五章提出的建立"育儿津贴"制度的设想是否可行；如何完善产假制度，加强妇幼保健和家庭护理，如增加产假时间、增设丈夫照料假期等；如何把计划生育服务向青少年延伸，减少和杜绝意外怀孕，增进生殖健康；如何切实保障公民依法实行计划生育的行为，对干扰公民依法实行计划生育的行为做出明确的处罚规定；如何进一步规范辅助生殖技术的使用，对"代孕"的法律程序和适用对象做出明确规定，规避"代孕"引起的法律问题；等等。

当然，由于本次法律修订刚刚完成，这些问题只能通过不断调整和完善相关规章制度的办法慢慢解决。有条件的地区可先用规章的形式，逐步出台相关规定，保障新法实施，在体现法律政策的协调性和一致性基础上先行解决部分问题。

由于我国区域差异大、发展不平衡的问题较为突出，在一些计划生育具体政策上存在难以完全统一的问题，因此，以往的生育政策基本上都是在国家层面上提出原则性的框架要求，具体规定由各省、自治区、直辖市通过制定实施《人口与计划生育条例》的形式，将生育政策上升到法律层面。鉴于这一点，在各省、自治区、直辖市调整和修订《人口与计划生育条例》时，可以根据新修订的《人口与计划生育法》以及中央决定精神，本着实事求是的创新原则，对以往《人口与计划生育条例》中不合时宜的内容做出修订，作为计划生育工作的法律依据。

党的十八届四中全会通过的《中共中央关于全面推进依法治国若干重大问题的决定》指出："法律是治国之重器，良法是善治之前提。"把依法治国的理念贯穿于卫生计生工作全领域和各个方面，是建设法治中国宏伟目标的重要组成部分，也是我国卫生计生事业改革发展的重要保障；不断完善计划生育法规政策，是发挥法治的引领和推动作用、坚持计划生育基本国策、做好计划生育工作、实现人口长期均衡发展的重要保障。

附　录

《中华人民共和国人口与计划生育法》

（2015 年修订稿）

（2001 年 12 月 29 日第九届全国人民代表大会常务委员会第二十五次会议通过，根据 2015 年 12 月 27 日第十二届全国人民代表大会常务委员会第十八次会议《关于修改〈中华人民共和国人口与计划生育法〉的决定》修正）

第一章　总　则

第一条　为了实现人口与经济、社会、资源、环境的协调发展，推行计划生育，维护公民的合法权益，促进家庭幸福、民族繁荣与社会进步，根据宪法，制定本法。

第二条　我国是人口众多的国家，实行计划生育是国家的基本国策。

国家采取综合措施，控制人口数量，提高人口素质。

国家依靠宣传教育、科学技术进步、综合服务、建立健全奖励和社会保障制度，开展人口与计划生育工作。

第三条　开展人口与计划生育工作，应当与增加妇女受教育和就业机会、增进妇女健康、提高妇女地位相结合。

第四条　各级人民政府及其工作人员在推行计划生育工作中应当严格依法行政，文明执法，不得侵犯公民的合法权益。

计划生育行政部门及其工作人员依法执行公务受法律保护。

第五条　国务院领导全国的人口与计划生育工作。

地方各级人民政府领导本行政区域内的人口与计划生育工作。

第六条　国务院计划生育行政部门负责全国计划生育工作和与计划生育有关的人口工作。

县级以上地方各级人民政府计划生育行政部门负责本行政区域内的计划生育工作和与计划生育有关的人口工作。

县级以上各级人民政府其他有关部门在各自的职责范围内，负责有关的人口与计划生育工作。

第七条　工会、共产主义青年团、妇女联合会及计划生育协会等社会团体、企业事业组织和公民应当协助人民政府开展人口与计划生育工作。

第八条　国家对在人口与计划生育工作中作出显著成绩的组织和个人，给予奖励。

第二章　人口发展规划的制定与实施

第九条　国务院编制人口发展规划，并将其纳入国民经济和社会发展计划。

县级以上地方各级人民政府根据全国人口发展规划以及上一级人民政府人口发展规划，结合当地实际情况编制本行政区域的人口发展规划，并将其纳入国民经济和社会发展计划。

第十条　县级以上各级人民政府根据人口发展规划，制定人口与计划生育实施方案并组织实施。

县级以上各级人民政府计划生育行政部门负责实施人口与计划生育实施方案的日常工作。

乡、民族乡、镇的人民政府和城市街道办事处负责本管辖区域内的人口与计划生育工作，贯彻落实人口与计划生育实施方案。

第十一条　人口与计划生育实施方案应当规定控制人口数量，加强母婴保健，提高人口素质的措施。

第十二条　村民委员会、居民委员会应当依法做好计划生育工作。

机关、部队、社会团体、企业事业组织应当做好本单位的计划生育工作。

第十三条　计划生育、教育、科技、文化、卫生、民政、新闻出版、广播电视等部门应当组织开展人口与计划生育宣传教育。

大众传媒负有开展［公共卫生和生殖健康］**人口与计划生育**的社会公益性宣传的义务。

学校应当在学生中，以符合受教育者特征的适当方式，有计划地开展生理卫生教育、青春期教育或者性健康教育。

第十四条 流动人口的计划生育工作由其户籍所在地和现居住地的人民政府共同负责管理，以现居住地为主。

第十五条 国家根据国民经济和社会发展状况逐步提高人口与计划生育经费投入的总体水平。各级人民政府应当保障人口与计划生育工作必要的经费。

各级人民政府应当对贫困地区、少数民族地区开展人口与计划生育工作给予重点扶持。

国家鼓励社会团体、企业事业组织和个人为人口与计划生育工作提供捐助。

任何单位和个人不得截留、克扣、挪用人口与计划生育工作费用。

第十六条 国家鼓励开展人口与计划生育领域的科学研究和对外交流与合作。

第三章　生育调节

第十七条 公民有生育的权利，也有依法实行计划生育的义务，夫妻双方在实行计划生育中负有共同的责任。

第十八条 国家［稳定现行生育政策，鼓励公民晚婚晚育，］提倡一对夫妻生育［一］**两**个子女［；]。

符合法律、法规规定条件的，可以要求安排**再**生育［第二个］子女。具体办法由省、自治区、直辖市人民代表大会或者其常务委员会规定。

少数民族也要实行计划生育，具体办法由省、自治区、直辖市人民代表大会或者其常务委员会规定。

夫妻双方户籍所在地的省、自治区、直辖市之间关于再生育子女的规定不一致的，按照有利于当事人的原则适用。

第十九条　实行计划生育，以避孕为主。

国家创造条件，保障公民知情选择安全、有效、适宜的避孕节育措施。实施避孕节育手术，应当保证受术者的安全。

第二十条　育龄夫妻［应当自觉落实］**自主选择**计划生育避孕节育措施，［接受计划生育技术服务指导。］预防和减少非意愿妊娠。

第二十一条　实行计划生育的育龄夫妻免费享受国家规定的基本项目的计划生育技术服务。

前款规定所需经费，按照国家有关规定列入财政预算或者由社会保险予以保障。

第二十二条　禁止歧视、虐待生育女婴的妇女和不育的妇女。

禁止歧视、虐待、遗弃女婴。

第四章　奖励与社会保障

第二十三条　国家对实行计划生育的夫妻，按照规定给予奖励。

第二十四条　国家建立、健全基本养老保险、基本医疗保险、生育保险和社会福利等社会保障制度，促进计划生育。

国家鼓励保险公司举办有利于计划生育的保险项目。

有条件的地方可以根据政府引导、农民自愿的原则，在农村实行多种形式的养老保障办法。

第二十五条 ［公民晚婚晚育］**符合法律、法规规定生育子女的夫妻**，可以获得延长［婚假、］生育假的奖励或者其他福利待遇。

第二十六条 妇女怀孕、生育和哺乳期间，按照国家有关规定享受特殊劳动保护并可以获得帮助和补偿。

公民实行计划生育手术，享受国家规定的休假；地方人民政府可以给予奖励。

第二十七条 在国家提倡一对夫妻生育一个子女期间，自愿终身只生育一个子女的夫妻，国家发给《独生子女父母光荣证》。

获得《独生子女父母光荣证》的夫妻，按照国家和省、自治区、直辖市有关规定享受独生子女父母奖励。

法律、法规或者规章规定给予**获得《独生子女父母光荣证》**［终身只生育一个子女］的夫妻奖励的措施中由其所在单位落实的，有关单位应当执行。

获得《独生子女父母光荣证》的夫妻，独生子女发生意外伤残、死亡的，［其父母不再生育和收养子女的，地方人民政府应当给予必要的帮助］**按照规定获得扶助。**

在国家提倡一对夫妻生育一个子女期间，按照规定应当享受计划生育家庭老年人奖励扶助的，继续享受相关奖励扶助。

第二十八条 地方各级人民政府对农村实行计划生育的家庭发展经济，给予资金、技术、培训等方面的支持、优惠；对实行计划生育的贫困家庭，在扶贫贷款、以工代赈、扶贫项目和社会救济等方面给予优先照顾。

第二十九条　本章规定的奖励措施，省、自治区、直辖市和较大的市的人民代表大会及其常务委员会或者人民政府可以依据本法和有关法律、行政法规的规定，结合当地实际情况，制定具体实施办法。

第五章　计划生育技术服务

第三十条　国家建立婚前保健、孕产期保健制度，防止或者减少出生缺陷，提高出生婴儿健康水平。

第三十一条　各级人民政府应当采取措施，保障公民享有计划生育技术服务，提高公民的生殖健康水平。

第三十二条　地方各级人民政府应当合理配置、综合利用卫生资源，建立、健全由计划生育技术服务机构和从事计划生育技术服务的医疗、保健机构组成的计划生育技术服务网络，改善技术服务设施和条件，提高技术服务水平。

第三十三条　计划生育技术服务机构和从事计划生育技术服务的医疗、保健机构应当在各自的职责范围内，针对育龄人群开展人口与计划生育基础知识宣传教育，对已婚育龄妇女开展孕情检查、随访服务工作，承担计划生育、生殖保健的咨询、指导和技术服务。

第三十四条　计划生育技术服务人员应当指导实行计划生育的公民选择安全、有效、适宜的避孕措施。

对已生育子女的夫妻，提倡选择长效避孕措施。

国家鼓励计划生育新技术、新药具的研究、应用和推广。

第三十五条 严禁利用超声技术和其他技术手段进行非医学需要的胎儿性别鉴定；严禁非医学需要的选择性别的人工终止妊娠。

第六章 法律责任

第三十六条 违反本法规定，有下列行为之一的，由计划生育行政部门或者卫生行政部门依据职权责令改正，给予警告，没收违法所得；违法所得一万元以上的，处违法所得二倍以上六倍以下的罚款；没有违法所得或者违法所得不足一万元的，处一万元以上三万元以下的罚款；情节严重的，由原发证机关吊销执业证书；构成犯罪的，依法追究刑事责任：

（一）非法为他人施行计划生育手术的；

（二）利用超声技术和其他技术手段为他人进行非医学需要的胎儿性别鉴定或者选择性别的人工终止妊娠的；

（三）[实施假节育手术、] 进行假医学鉴定、出具假计划生育证明的。

第三十七条 伪造、变造、买卖计划生育证明，由计划生育行政部门没收违法所得，违法所得五千元以上的，处违法所得二倍以上十倍以下的罚款；没有违法所得或者违法所得不足五千元的，处五千元以上二万元以下的罚款；构成犯罪的，依法追究刑事责任。

以不正当手段取得计划生育证明的，由计划生育行政部门取消其计划生育证明；出具证明的单位有过错的，对直接负责的主管人员和其他直接责任人员依法给予行政处分。

第三十八条　计划生育技术服务人员违章操作或者延误抢救、诊治，造成严重后果的，依照有关法律、行政法规的规定承担相应的法律责任。

第三十九条　国家机关工作人员在计划生育工作中，有下列行为之一，构成犯罪的，依法追究刑事责任；尚不构成犯罪的，依法给予行政处分；有违法所得的，没收违法所得：

（一）侵犯公民人身权、财产权和其他合法权益的；

（二）滥用职权、玩忽职守、徇私舞弊的；

（三）索取、收受贿赂的；

（四）截留、克扣、挪用、贪污计划生育经费或者社会抚养费的；

（五）虚报、瞒报、伪造、篡改或者拒报人口与计划生育统计数据的。

第四十条　违反本法规定，不履行协助计划生育管理义务的，由有关地方人民政府责令改正，并给予通报批评；对直接负责的主管人员和其他直接责任人员依法给予行政处分。

第四十一条　不符合本法第十八条规定生育子女的公民，应当依法缴纳社会抚养费。

未在规定的期限内足额缴纳应当缴纳的社会抚养费的，自欠缴之日起，按照国家有关规定加收滞纳金；仍不缴纳的，由作出征收决定的计划生育行政部门依法向人民法院申请强制执行。

第四十二条 按照本法第四十一条规定缴纳社会抚养费的人员，是国家工作人员的，还应当依法给予行政处分；其他人员还应当由其所在单位或者组织给予纪律处分。

第四十三条 拒绝、阻碍计划生育行政部门及其工作人员依法执行公务的，由计划生育行政部门给予批评教育并予以制止；构成违反治安管理行为的，依法给予治安管理处罚；构成犯罪的，依法追究刑事责任。

第四十四条 公民、法人或者其他组织认为行政机关在实施计划生育管理过程中侵犯其合法权益，可以依法申请行政复议或者提起行政诉讼。

第七章 附 则

第四十五条 流动人口计划生育工作的具体管理办法、计划生育技术服务的具体管理办法和社会抚养费的征收管理办法，由国务院制定。

第四十六条 中国人民解放军执行本法的具体办法，由中央军事委员会依据本法制定。

第四十七条 本法自 2002 年 9 月 1 日起施行。

（注：方括号中的楷体字为删除的内容，黑体字为新增加的内容。）

责任编辑：郭彦辰

图书在版编目(CIP)数据

实施人口新政　打造计生良法:《人口与计划生育法》修订研究/
吕红平 主编. —北京:人民出版社,2016.5
ISBN 978－7－01－016094－8

Ⅰ.①实…　Ⅱ.①吕…　Ⅲ.①人口与计划生育法-研究-中国
Ⅳ.①D922.164

中国版本图书馆 CIP 数据核字(2016)第 077164 号

实施人口新政　打造计生良法
SHISHI RENKOU XINZHENG DAZAO JISHENG LIANGFA
——《人口与计划生育法》修订研究

吕红平　主编

人 民 出 版 社 出版发行
(100706　北京市东城区隆福寺街99号)

环球东方(北京)印务有限公司印刷　新华书店经销

2016年5月第1版　2016年5月北京第1次印刷
开本:710毫米×1000毫米 1/16　印张:16.75
字数:175千字

ISBN 978－7－01－016094－8　定价:42.00元

邮购地址 100706　北京市东城区隆福寺街99号
人民东方图书销售中心　电话 (010)65250042　65289539